Albin Baguette e i misteri di Parigi
Jean Sigognac

Traduzione e adattamento a cura di Yuri Bautta

Prima edizione: agosto 2013
Jean Sigognac©2013

ISBN: 978-88-909031-3-7

Questo libro non sarebbe mai nato senza l'aiuto fondamentale di Rosanna Battistini e Paola Aldini.

Sommario

Il mistero del ragazzo scomparso

Ero disteso sul mio letto, ma non chiedetemi come ci fossi arrivato. Per alcuni secondi dubitai perfino che si trattasse del mio letto, ma un dolore sotto le scapole mi tolse ogni dubbio. Era la tipica fitta provocata da una bottiglia vuota di cognac.

Cosa diavolo avevo fatto la sera prima? E chi poteva saperlo? Dal martello pneumatico che mi lavorava il cervello, potevo solo sospettare d'avere passato la serata all'Henry's, giù a Saint Sulpice. Si trattava di un bar non proprio adatto ai damerini, dove il canale di scolo, nei periodi di piena, arrivava fin sotto il bancone. Però era sempre pieno di bambole, non so se mi spiego. Di quelle che non vanno troppo per il sottile.

Io ci facevo un salto quando mi veniva voglia di buttare giù un paio di cognac, il che avveniva più o meno ogni sera dopo le otto.

Aprii gli occhi. Anche se la stanza era quasi buia, mi pentii subito di averli aperti. Mi feci forza e mi alzai. Avevo in bocca un sapore di fogna, le ossa peste e lo stomaco in subbuglio. Mi lavai alla bell'e meglio e misi a scaldare un po' di caffè rimasto sul lavandino da chissà quando. Sapeva di fogna.

Guardai la mia immagine allo specchio. Sembravo la caricatura di Leo Pulp.

Il cellulare squillò. Era Sophie, la mia ganza. Almeno è quello che le facevo credere. Sbavava per me e qualche volta la facevo divertire un po'. Non so se mi spiego.

Sei già sveglio?

"Tu che pensi?"

Ti va di pranzare con me, oggi? C'è un nuovo ristorantino vegetariano a Montparnasse. È delizioso.

"Sophie, lo sai che devo lavorare. Magari un'altra volta."

Uffa, dici sempre così. Allora stasera, perché non passi da me?

"Ti chiamo io."

Albin.

Riattaccai. Se la sarebbe presa ma poi le sarebbe passato.

Mi vestii senza guardare cosa mi mettevo. Non è che avessi una gran scelta.

Una volta uscito dal portone, mi fermai a guardare il panorama del quartiere latino. Parigi non smetteva di sorprendermi. Mi sarò domandato mille volte come si possa vivere in una città dove la gente si mette il pane sotto le ascelle. Un giorno mi sarei trasferito in un posto più romantico, magari in Italia. La valle del Chianti. Siracusa. Venezia. Un giorno.

Il mio ufficio si trovava, e si trova ancora, vicino alla Sorbonne. Insomma, non proprio vicino. Ma chi avesse gettato gli sguardi dalla finestra delle scale, una volta arrivato al quarto piano, avrebbe potuto ammirare un angolo del Museo Nazionale. Da lontano.

Nell'anticamera era seduta una vecchia grassona. Chiudevo sempre l'ufficio a chiave, ma la serratura era rotta. Da quasi un mese non avevo clienti, così mi meravigliai parecchio di trovare lì quella madama stagionata.

Non lasciai trapelare la mia sorpresa. Quando serve, sono un uomo di ghiaccio.

"Ah! Chi vi ha fatto entrare?"

"Siete Albin Baguette?"

"Così è scritto sulla porta, no?"

"E siete un coso?"

"Se *coso* significa investigatore privato, sì."

"Anche quello è scritto sulla porta."

"E allora perché me lo chiedete?"

"Perché sulla porta c'è solo il nome, non la fotografia."

La conversazione languiva.

Aprii la porta interna e mi sedetti alla mia scrivania. La befana mi seguì e si accomodò. Non mi piacevano i suoi modi. Troppo sicura di sé.

"Cosa posso fare per voi, signora… Signora?"

"Mi chiamo Emmanuelle Gautier, ma potete chiamarmi Madame Gautier."

Tirai fuori da un cassetto la bottiglia di acquavite, me ne versai tre dita in un bicchiere sporco e la trangugiai tutta d'un fiato. Non è da tutti reggere l'acquavite di mattina presto.

"Dio mio! I vostri occhi! Vi sentite male?"

Non mi conosceva. "Sciocchezze," le risposi. "Non mi avete ancora detto cosa vi porta dal miglior segugio del quartiere latino."

"Ho perso qualcosa. Qualcosa cui tengo molto. Siete in grado di ritrovarlo?"

"Dipende," dissi. "Di che cosa si tratta?"

"Di una borsa."

"Il mio onorario è di cento euro al giorno, più le spese."

"Non c'è problema."

"Di cui trecento anticipati."

"Non c'è problema."

Guardai fuori della finestra. Attraverso i vetri non proprio puliti, si poteva quasi scorgere una delle due torri del Notre-Dame. Non è da tutti avere l'ufficio in posizione quasi centrale.

Osservai meglio la strega. Dal cipiglio severo e dal grugno incassato la si sarebbe potuta scambiare per il mio vecchio sergente della Legione Straniera, se non fosse stato per i baffi. Perché, nella Legione, era vietato portarli. Ero felice che i miei rapporti con quella megera si limitassero a un incarico professionale. Sempre che me l'avesse dato.

"Una borsa, avete detto? Mi servirà qualche informazione. Com'è fatta?"

"Volete sapere se ha i manici? Li ha. Volete sapere se è di pelle? Lo è. Volete sapere se è scura? Lo è. Altro?"

Forse è capitato anche a voi di incappare in una giornata storta.

"Bene," dissi alla cicciona, "molto bene. Sono tutti elementi utili. Qualche altro segno particolare?"

"Sì. Alla borsa è attaccato mio figlio."

Se credete che io allora strabuzzassi gli occhi, non conoscete Albin Baguette. Non feci una piega.

"Dite un po', avete la congiuntivite?"

"Vostro figlio? E perché non l'avete detto subito? Bisogna cercare vostro figlio, allora."

Tutto cominciava a diventare molto più chiaro.

"No," disse, "niente affatto. Mio figlio non c'entra nulla. Io voglio solo la borsa. Lui, potete lasciarlo dov'è."

Molto chiaro.

"Madame," cominciai a dire.

"No, lasciate che vi spieghi, Monsieur Papette."

"Baguette."

"Venti giorni fa, mio figlio Michel è scappato da casa. Me ne sono accorta ieri, facendo le pulizie. Ma il peggio è che non trovo più la mia borsa, quella di pelle nera. Probabilmente l'idiota l'ha portata con sé. Dentro a quella borsa, signor Nanette, c'è il mio libretto della pensione. Ora, non voglio dire che Michel l'abbia fatto apposta, di rubarmi il libretto. Di sicuro non sa nemmeno che cos'è, figuriamoci."

"Mi chiamo Baguette. Quanti anni ha vostro figlio?"

"Ne ha trentasette, ma è molto immaturo per la sua età. Avevo anche una sua foto, ma dove l'ho messa? Ah, eccola."

Dopo aver rovistato in una piccola sacca di nylon mi porse una foto gualcita, ripetendo: "Molto immaturo."

Il ragazzo sembrava uno di quei cocchi di mamma mollicci, tutto occhiali e pappagorgia.

"Come fate a dire che è scappato? Non potrebbe invece essergli successo qualcosa? Non siete andata alla polizia? Magari si tratta di un rapimento, o peggio."

"Figuriamoci! Rapimento! E chi lo prenderebbe, un tipo così? Monsieur Vasette, voi non conoscete mio figlio. È proprio il tipo capace di fare una sciocchezza. Sta sempre in casa a leggere quei giornaletti. Sapete, quei fumetti moderni. Più glieli nascondo, più lui trova il modo di procurarsene."

"Baguette. Mi chiamo Baguette. Non è un po' grandicello per leggere i fumetti?"

"È quello che gli dico sempre anch'io: Michel, lascia perdere i giornalacci. Vieni accanto alla mamma a vedere la televisione. Cerco di trasmettergli l'amore per le telenovelas, ma è di testa dura."

"E, dite, Madame Gautier, avete mica qui con voi qualcuno di quei giornaletti?"

"Sì, ne ho un paio. Ma non credevo che anche voi leggeste quella roba, Monsieur Soubrette."

Mi porse alcuni fumetti con un gesto di ribrezzo, come se si trattasse di materiale diabolico.

"Il mio nome è Baguette. Baguette. Fatemi un po' vedere. *'Capitan Turbine'*, *'Le avventure di John Tempest'*. Questi fumetti sono abbastanza comuni tra gli adolescenti, magari mi serviranno per farmi un'idea del suo carattere. Voi credete che Michel si nasconda a Parigi?"

"Ne sono certa! Quel pusillanime non sarebbe capace di uscire dal quartiere latino."

"Dipende," la interruppi. Non mi piaceva il modo in cui quella vecchia ciabatta trattava suo figlio. Troppo cinismo, perfino per un duro come il sottoscritto.

"Se avesse pianificato la fuga con una donna? Dopotutto si tratta di un uomo adulto, anche se ne parlate come se fosse in fasce."

"Una donna, signor Japette? Una donna? Ha! Una donna!" esclamò rivolta al cielo o meglio, credetti io, a qualche divinità vichinga.

"Baguette," (precisai).

Poi, come in preda a una furia devastatrice, cominciò a comunicare tanti e tali concetti al soffitto – o almeno così io pensai seguendo il suo sguardo – intervallandoli con sobbalzi e sospiri degni di una zampogna o di una cornamusa – tanto da farmi temere un cedimento del suo cuore o del mio pavimento – che restai spiazzato nonostante la mia lunga esperienza di stranezze umane.

"Ma se non gliele ho mai fatte vedere, nemmeno in televisione!" diceva, ed emetteva un numero imprecisato di sbuffi, "Ci mancherebbe altro! Dovrebbe fare i conti con me," continuava da dietro i baffi, "la donna che osasse corrompere il mio ragazzo!"

Dovetti impiegare tutta la mia professionalità, per non parlare dell'acquavite, per calmarla e convincerla che sì, mi sarei dato da fare subito; che no, non potevo prometterle niente; ma che sì, avrei fatto del mio meglio per stanare il suo cresciuto bambino e recuperare la preziosa borsa. E che no, non mi chiamavo Polpette. Poi la vecchia mi pagò l'anticipo, scrisse il suo numero su un biglietto e si tolse dai piedi. Non è che l'incarico mi entusiasmasse. Un tizio come quello a Parigi era come il proverbiale filo di paglia nel pagliaio. Ma il lavoro è lavoro e trecento banane sono trecento banane.

Di solito, quando cerco qualcuno, comincio con l'esaminare gli elementi che ho. Stavolta ne avevo davvero pochi. Un nome, Michel Gautier, una foto e un paio di giornaletti.

Mi era venuta fame. Uscii e mi diressi verso la Torre Eiffel. Non presi la metropolitana: quattro passi mi avrebbero schiarito le idee.

Il cellulare squillò.

Ciao, Albin. Prima deve essere caduta la linea.

"Già."

Allora, per questa sera siamo d'accordo? Sai, ho comperato un vestitino che ti piacerà.

"Tutto è possibile. Che tipo di vestitino?"

Molto, molto, molto corto.

"Mi piacerà."

Allora ti aspetto?

"Non so, bambola. Ti chiamo io."

Albin!

Riattaccai.

Era una bella giornata. Un'immensa nuvola grigia si era impadronita non solo dei tetti di Parigi, ma anche della parte superiore dei palazzi, dal piano ammezzato in su. Non so se mi spiego. Camminando, osservai la cappa di vapore mescolato a chissà che, snodarsi attraverso i Boulevard e intorno ai lampioni. Tra un paio d'ore, inghiottendo ogni cosa, sarebbe scesa fin sulla Senna.

Tanto ero sprofondato nei miei pensieri che quasi non mi accorsi di essere arrivato al Trocadéro. Non è da tutti avere un amico italiano che fa la pizza migliore di Parigi. La pizzeria era vuota. Strano.

"Albin, sei proprio tu?" mi gridò non appena misi piede all'interno. Giulio è il mio amico italiano. Lui pronuncia il suo nome senza l'accento sull'ultima *o*, ma ovviamente sbaglia.

"Già," dissi, e mi lasciai cadere su uno sgabello.

"Dio mio, che brutta cera!" gridò.

"Risparmiami la diagnosi e portami le medicine," risposi.

"E come le vorresti?" gridò.

"Dammi una medicina rotonda e piatta al sapore di pomodoro. E un'altra medicina in un bicchiere grande, ghiacciata."

Giulio sparì in cucina e mi guardai intorno. Non mi spiegavo ancora come mai la pizzeria fosse vuota. Eppure era venerdì. Il mio intuito infallibile mi diceva che qualcosa non quadrava.

"Ma che ci fai qui alle dieci del mattino?" mi gridò Giulio dalla cucina.

Adesso, tutto quadrava.

Quando la mente mi fuma, niente mi rilassa più di una pizza e di una birra da Giulio. Vediamo, pensai, da dove posso cominciare? Tirai fuori la foto del tizio.

Michel Gautier.

Aveva proprio l'aria di un grosso, grasso bamboccio. Due occhiali come fondi di bottiglia e un sorriso ebete. Con una madre così, chi avrebbe potuto biasimarlo?

Dopo aver ingurgitato il frisbee al pomodoro, domandai a Giulio di sedersi un momento al mio tavolo. Quell'italiano era più informato della Gendarmerie su tutto ciò che succedeva entro due miglia dalla Senna. Gli dissi della grassona, anche se tenni per me l'oggetto delle ricerche. Non spiffero mai nulla più del necessario. Non è da tutti essere così accorti.

"Devi cercare la borsa di *chi*?" gridò.

"Piantala di gridare come tuo solito," dissi. "Sostiene di chiamarsi Gautier, o qualcosa del genere."

"Gautier?" gridò Giulio. "Emmanuelle Gautier?"

"Vedo che vi conoscete. Chi è?"

"Dio santo, Albin! Non sai chi è Madame Gautier?" gridò, "roba da matti!"

"Parla piano."

"Roba da matti! Non sa chi è Madame Gautier! Santo cielo, amico, hai incontrato il numero tre della mala marsigliese!"

"Numero tre?" rimuginai. Non mi è mai piaciuto avere a che fare con i pesci piccoli.

"Ma certo! Mi chiedo solo che cosa diavolo ci faccia Madame Gautier a Parigi," gridò Giulio. "Se non me l'avessi descritta così bene penserei senz'altro ad un caso di omonimia! Invece è lei!"

"Parla piano."

"Sapevo che aveva un figlio deficiente. Me l'ha detto mio cugino Mario di Marsiglia. Ti ho mai parlato di mio cugino Mario?"

Non me ne fregava un accidente.

"Non me ne frega un accidente," dissi, "sono più interessato a questo pargoletto e alla sua deliziosa mammina."

"Va bene. Madame Gautier era la ganza di George Gautier, uno dei più grossi boss del sud," gridò Giulio. "Ma quando lui è stato fatto fuori, la dama invece di scomparire si è fatta strada. Una strada lastricata di salme! Ti è chiaro?"

Mi era chiaro.

"Dimmi del pupo. È lui, che devo trovare: attaccata, c'è una borsa."

"Ma tu non ti rendi conto, Albin," gridò, "del pericolo che corri! Se ha ingaggiato te per riportarle quella borsa, c'è sicuramente un motivo sotto! Una come M'me Gautier non si rivolge certo agli investigatori privati!"

"Eppure."

"E posso anche dirtelo, il motivo. I suoi uomini non possono farsi vedere, al quartiere latino. Lì comanda la banda di Gateau-Mouche, lo sai! Li farebbero fuori al primo due per tre!"

"Anche questo l'hai saputo da tuo cugino, immagino."

"Bravo! Evidentemente, dopo avere scoperto che il suo pupillo era fuggito e si era rifugiato in zona Sorbona, la *Grande* Gautier ha pensato bene di mandare te allo sbaraglio per trovarlo!"

"Non gridare. Deve essere andata così. Mi chiedo solo cosa ci sia in quella dannata borsa."

"Se fossi in te non cercherei di scoprirlo, Albin," gridò l'italiano, "a meno che tu non voglia contribuire a lastricare quella famosa strada!"

"Sempre ottimista, eh, Giuliò? Ecco qua, tieni il resto e grazie per le informazioni."

Sulla soglia mi voltai. Avevo avuto un lampo d'illuminazione. "Un'ultima cosa," dissi, "dato che sai tutto, sai anche qual è il campo d'affari della Gautier a Marsiglia? Il mio intuito infallibile mi dice che è il gioco d'azzardo."

Giulio mi raggiunse sulla porta, si guardò intorno, scosse lentamente la testa e si avvicinò al mio orecchio sinistro.

14

"Cocaina!" gridò.

Intorno ai tetti e sui vecchi abbaini aleggiava la nuvola maligna. Il Trocadéro cominciava a stancarmi. Presi la metro e tornai al quartiere latino.

L'orecchio sinistro mi ronzava ancora. Maledetto Giulio.

Seduto su un sedile sbeccato della metro, mi stufai di contare gli sputi sul pavimento e tirai fuori i giornaletti. Forse tra quelle pagine gualcite avrei trovato qualche traccia.

Il primo narrava le gesta di una specie di sceriffo moderno che le prendeva da una banda di motociclisti. Pivello. L'altro era un polpettone insulso. Il protagonista scorrazzava in moto da una parte all'altra di uno stato americano, o qualcosa del genere.

Motociclisti. In entrambi gli albi. Poteva essere una traccia? Ne dubitavo. Il mio intuito infallibile mi diceva che stavo perdendo tempo, con quei fumetti di serie B. Infatti, il bambino non aveva la faccia di uno che va in moto. Neanche in bicicletta, se è per questo.

Giusto per togliermi lo sfizio, provai ad andare al *Bike's Bar*. È un ritrovo per esaltati delle due ruote. Non so se mi spiego. Il parcheggio era pieno di motociclette. Entrai.

Il barista lo conoscevo: anni prima aveva lavorato con un mio vecchio compagno della Legione. Gli mostrai la foto ma senza successo. Non aveva mai visto il cicciobello. Mi suggerì di provare in un posto chiamato *La Vie en Road*. Mai sentito prima.

Non mi diedi per vinto. Secondo me, il barista mi nascondeva qualcosa. Lo guardai in cagnesco e bastò. Ebbe un crollo nervoso da impietosire una statua.

"Sentimi bene, Moquette o come diavolo ti chiami: tu adesso porti il tuo posteriore fuori di qui prima che io ti ci stampi l'impronta della mia scarpa."

"Baguette."

Era inutile discutere. Andai a cercare questo *La Vie en Road*. Si trattava di una specie di pub inglese o giù di lì, in una strada anonima sotto Place d'Italie.

Non appena misi piede all'interno, capii che una mammoletta come Michel Gautier non sarebbe sopravvissuto nemmeno un minuto, in un posto come quello. Va da sé che io, invece, mi ci trovavo perfettamente a mio agio. Nella penombra, scorsi un paio di ceffi di mia conoscenza. Tutta gente ricercata per omicidio. Come minimo.

Dopo avere buttato giù una mezza dozzina di cognac e avere assistito a una piccola rissa senza feriti gravi, mi venne voglia di andarmene. Mi stavo annoiando.

Cambiai idea. Accanto a me una bruna, vestita di gomma nera o che so io, faceva ondeggiare un enorme paio di orecchini. Non so se mi spiego.

La abbordai.

"Dolcezza, stai a sentire. Ho uno studio, molto vicino al Museo Nazionale. Perché non ci andiamo, adesso, a bere acquavite e a guardare Notre-Dame dalla finestra?"

"E tu chi diavolo sei?" mi domandò.

"Ha importanza?"

Mi guardò.

"No, credo proprio di no."

"Allora seguimi, cocca."

Io mi avviai e lei, forse per un malinteso, non mi seguì. Non è da tutti concludere la giornata tra due orecchini come quelli. Ma, proprio un attimo prima di uscire, lo vidi. Stava appollaiato su uno sgabello, in un angolo quasi buio. Aguzzai la vista. Da un grosso bicchiere posato su un termosifone, succhiava una bibita con una cannuccia rosa.

Santo cielo! Mollai la ganza con una scusa e mi avvicinai a lui con cautela. Accanto allo sgabello, sul pavimento, giaceva una specie di sacco nero. Doveva essere la famosa borsa.

Era lui. Tombola.

Non dovevo spaventarlo. Se mi fosse fuggito, difficilmente avrei avuto un altro colpo di fortuna. Non è da tutti chiamare fortuna la propria geniale abilità.

Mentre mi avvicinavo, un muro mi si parò davanti. Alzai gli occhi. Il muro aveva un grugno da galeotto e due spalle che sembravano quattro. Mi guardava fisso. Mi ricordava un mio amico ergastolano. Glielo dissi. Non fu una buona idea. Mai essere troppo socievoli con gli sconosciuti.

Sorrise e rispose: "Mi hai pestato un piede."

"Vi sbagliate, signore. Mai pestato i piedi a nessuno. Specialmente a voi."

"Non ho capito. Cos'hai detto di mia sorella?"

"Se aveste la bontà di farmi passare," lo apostrofai con durezza, "per piacere."

E lui: "Cretino a me?"

Un vero duro sa riconoscere quando sta per scatenarsi la bufera. Stava per scatenarsi.

Come per farsi perdonare l'insolenza di poco prima, il galeotto mi tirò all'improvviso un ceffone che per un pelo non schivai. C'era mancato poco, ma sono coriaceo. Non è da tutti incassare con tanta perizia. Feci per voltarmi e raggiungere l'uscita. Era una strategia. Lui mi avrebbe seguito e fuori l'avrei neutralizzato. Terrorizzato dalla mia tecnica, mi afferrò per una spalla facendomi girare come una trottola. Poi allungò repentino una zampa come per stringere la mia. Forse voleva fare la pace. Non glielo permisi. Fui svelto ad abbassarmi e a lui non restò che afferrarmi per il collo.

Fu il suo errore più grande.

Ho studiato judo. Gli rifilai una gragnola di colpi segreti sulla caviglia sinistra. Rischiò almeno un paio di volte di cadere. Soprattutto, ridussi i suoi calzoni in uno stato pietoso.

Mi sganciò tre bordate di destro che sicuramente mi avrebbero tramortito se fossi stato di poco più molliccio, ma evidentemente non mi conosceva.

Alla fine, avreste dovuto vederlo. Poveretto! La sua mano sembrava un quadro di Picasso del periodo bordeaux. E non parliamo della mia faccia.

Per non infierire, non appena mi fu possibile mi infilai tra la folla e raggiunsi il ragazzo in fondo al bar. Il galeotto non fu così pazzo da seguirmi.

Squadrai il coccobello e gli dissi: "Fiete voi Mifel Gopier?"

Si girò e mi mise a fuoco attraverso un paio d'occhiali che parevano binocoli.

"Come dite?"

Faceva finta di non capire. Io feci finta di crederci e ripetei la domanda. Ma prima sputai un dente. Ad ogni modo, era cariato.

"Siete voi Michel Gautier?"

"Sono io. Voi chi siete? Vi manda mia madre?"

"Venite con me."

Lo presi per un braccio e lo portai fuori di lì. Avrebbe potuto farsi male. Non è da tutti uscire indenni da un posto come *La Vie en Road*.

Non ero neanche arrivato nel parcheggio che qualcuno, da dietro, mi colpì. Ruzzolai a terra e d'istinto portai la mano al mio ferro. Ma era solo il tizio che avevo malmenato all'interno del pub. Non c'era alcun bisogno di scomodare il signor Beretta. Se voleva un'altra lezione, potevo dargliela benissimo a mani nude. Mi afferrò per il bavero e cominciò a scuotermi. Non appena mi avesse lasciato avrebbe rimpianto d'essere venuto al mondo. Alla fine, fu così prudente da lanciarmi a distanza di sicurezza. Fu questo a salvargli la vita. Quando mi rialzai lo vidi che inforcava la moto e fuggiva.

Di lui mi era rimasta un'impronta incredibilmente nitida sul bavero della giacca e di me era rimasto qualche frammento sul marciapiede. Mi conoscete, ormai. Non è da tutti cadere di faccia per una questione di orgoglio.

Il ragazzo!

Mi guardai intorno, ma era tardi: il pupo aveva approfittato della confusione per prendere il volo. Ovviamente, la borsa era volata via insieme a lui. Maledizione.

Il cellulare squillò.

Albin, vuoi sapere di che colore è il mio vestitino?

"Fanto cielo, Fophie, non adeffo!"

Riattaccai e sputai un dente.

Tornando a casa mi prese lo sconforto. Avevo trovato quel ciccione occhialuto a tempo di record e, a tempo di record, l'avevo perduto. Dannato Michel Gautier. Dove l'avrei cercato, ora?

Si faceva sera. La nube sopra la città si preparava a scendere fin sopra i marciapiedi. Sarebbe stata una notte fredda e umida. Soprattutto, umida. Non vedevo l'ora di tornare in ufficio per farmi un doppio cognac.

Per rientrare dal lungosenna prendevo sempre per rue des Écoles, anche se non mi piacciono le strade frequentate. Troppo chiasso. Non so se mi spiego. Non appena voltai l'angolo di rue Champollion piombai nel buio più pesto che si possa immaginare. I lampioni erano partiti da un pezzo, e mai riparati. Maledetto sindaco. Non ci sono insegne di negozi, in rue

Champollion. Non è da tutti sapersi orientare nelle tenebre ascoltando i passi dei ratti sopra i bidoni rovesciati della spazzatura. Ci vuole l'orecchio fino.

A un tratto mi irrigidii. Avevo udito l'inequivocabile *click* della sicura di una sputafuoco. Mi gettai a terra sfoderando il mio ferro proprio mentre uno sparo lacerava il silenzio. Mi accovacciai dietro un bidone. Si udirono dei passi di corsa come di chi fugge, poi più nulla. Se quel tale ce l'aveva con me, aveva rinunciato alla lotta. Buon per lui. Ad ogni modo, io ero intatto.

Con cautela mi avvicinai all'angolo del vicolo. Una sagoma scura ingombrava il passaggio. Sembrava un cadavere. Con i nervi e le orecchie tese al massimo mi chinai per osservare da vicino, facendomi luce con il cellulare. Era il cadavere di una donna. Guardai meglio, il viso non mi era nuovo.

Santo cielo!

Era la ganza che aveva tentato di abbordarmi al pub. Adesso non ci avrebbe più provato. Peccato.

La sirena di un'auto sbirra si avvicinava. Non ci tenevo a farmi trovare accanto ad una salma. Era ancora troppo calda per i miei gusti. Mi dileguai e raggiunsi l'ufficio.

La testa mi scoppiava. Quel pomeriggio avevo conosciuto una ganza e poco dopo me l'avevano accoppata sotto il naso. Poteva essere un caso, ma io non ho mai creduto al caso. Oppure quella pallottola poteva essere destinata a me.

Mi richiusi la porta dietro le spalle e mi sentii meglio. Non è da tutti mantenere il sangue freddo in circostanze così misteriose. Nonostante la mia mano fosse perfettamente salda, ci misi parecchio a girare la chiave nella toppa. La porta tremava.

Mentre mi versavo una razione tripla di cognac nella semioscurità, si udì una voce nella stanza.

"Signor Baguette!"

Una persona normale avrebbe avuto un infarto, come minimo. Ma non Albin Baguette.

Urlai "Aaa" per distrarre l'intruso e nel contempo spiccai un salto da canguro. Se mi avesse sparato alle caviglie avrebbe fatto un buco nell'acqua. Mi lanciai verso l'interruttore. Accesi la luce. Mentre mi voltavo avevo già la Beretta nella mano destra. Per ostentare sicurezza, l'avevo impugnata per la canna.

Sulla poltrona del mio vestibolo c'era Michel Gautier. Non ero affatto sorpreso. Anzi, me l'aspettavo.

"Non è possibile! Santo cielo! Cosa diavolo fate qui, voi?"

"Non volevo spaventarvi," disse, da dietro i suoi binocoli.

Spaventare me? Non mi conosceva.

"Come avete trovato il mio ufficio?"

"Non è stato difficile. Durante la rissa, oggi, vi è caduto il portafogli. Io l'ho raccolto e sono fuggito. C'erano dentro i vostri biglietti da visita. La porta non era chiusa a chiave: ed eccomi qui. Investigatore privato, eh?"

"La serratura è rotta, la chiudo a chiave solo per abitudine. Volete qualcosa da bere?"

"Un succo d'arancia, se non è troppo disturbo."

"Ho dell'acquavite."

"Signor Baguette, vi ha mandato mia madre, vero? Siete stato pagato per ritrovarmi, non è così?"

"In un certo senso," dissi.

"Sembra che abbiate visto un fantasma."

"Non siete tanto lontano dalla verità," dissi, e gli raccontai della sparatoria. Ero troppo stanco per mentire, e poi volevo farlo parlare.

"Ma quella donna, quella del pub, io la conoscevo: faceva parte della gang di mia madre! È morta, dite! Saranno stati gli uomini di Gateau-Mouche. È un suicidio, per un membro della gang, farsi vedere al quartiere latino!"

"Già, un suicidio," risposi. Ecco come doveva essere andata. La grassona non si era fidata di me e, nonostante il rischio di esporsi, mi aveva messo alle calcagna quella sua fatalona. Non appena io avessi ritrovato il pupo, la ganza mi avrebbe steso e avrebbe recuperato la borsa. Ma non aveva fatto in tempo. A proposito, la borsa! La raccolsi dal pavimento e la spalancai.

Non l'avessi mai fatto. Ne usciva un fetore insopportabile. Tirai fuori un bel po' di biancheria sporca, riviste pornografiche piene di colla, vasetti di sottaceti mezzo vuoti e senza coperchio, una scarpa da tennis spaiata, una manata di maionese sfusa.

In fondo a tutta quella robaccia c'era un grosso involto, che subito aprii. Erano tutti biglietti da cinquecento.

"Li ho contati," disse Michel, "sono mezzo milione di euro."

Non feci una piega. Gli rivolsi uno sguardo glaciale. Non è da tutti.

"Oddio! Signor Baguette! Gli occhi vi si stanno estroflettendo!" disse.

"Mezzo milione?"

"Sì, signore. Meno quarantasette euro e cinquanta, che ho usato per le mie spese."

Riposi il malloppo. "Si può sapere dove avete vissuto, tutti questi giorni?" gli chiesi.

"Soprattutto nei pub da motociclisti, ma anche nelle stazioni della metro e negli internet point."

"Va bene. Ma perché ora non mi parlate un po' di vostra madre, mentre bevete l'acquavite? Poi decideremo il da farsi."

Vuotò il sacco. Povero ragazzo. Sua madre era effettivamente un pezzo grosso di Marsiglia. L'italiano aveva visto giusto. La strega aveva allevato il figlio fuori dal mondo. Confinato tra quattro mura e sorvegliato dai gorilla, il suo unico conforto erano stati i giornaletti d'avventura che riusciva a procurarsi facendoli contrabbandare dai suoi guardiani. Le donne, le aveva viste solo in televisione e tutte vestite. Raggiunta un'età decisamente matura, aveva finalmente scoperto dei traffici del clan ed era rimasto male. Molto, molto male. Alla prima occasione aveva rubato una borsa piena di soldi ed era fuggito a Parigi. Quando dico soldi, non parlo certo di denaro pulito. Il clan faceva affari con la coca. Anche su questo Giulio era informato bene. La vecchia però faceva la cresta sulla spesa, non so se mi spiego. Ogni tanto intascava qualche spicciolo all'insaputa del gruppo dirigente. Quel gruzzolo scottava come l'inferno. Suo figlio, scappando con i quattrini, l'aveva messa in una situazione terribilmente spinosa. Non poteva usare gli uomini del clan, se non pochissimi fidati. In pratica doveva fare tutto da sola.

Contrariamente all'aspetto, Michel era un ragazzo intelligente e sensibile. Non che la cosa mi importasse, si capisce.

"Riuscite ad immaginare, signor Baguette, cosa significhi vivere nella totale ignoranza di tutto ciò che vi è di più bello al mondo? Non avere mai conosciuto una donna che non fosse la propria madre, e mai ascoltato discorsi che non fossero prediche sulla castità e sull'astinenza? Ah, quando sono arrivato a Parigi! Le donne, signor Baguette! Che scoperta, è stata!"

Potevo capirlo. Mi piaceva, parlare con quel bambino cresciuto. Guardai fuori dalla finestra. Attraverso il buio, la nuvola di Parigi premeva minacciosa sui miei vetri. O forse era solo ora di pulirli.

Il cellulare squillò.

Albin, sono io, Sophie. Che fine hai fatto, tesoro? Ti sto aspettando.

"Voi che siete di Parigi, signor Baguette, avrete una donna ogni sera, immagino!" mi disse Michel nell'altro orecchio. Quel ragazzo era simpatico. Da me avrebbe imparato molto, soprattutto sulle ganze.

"Non credo di riuscirci," risposi, "e poi non sono il tipo da perdere tempo con le donnacce."

Cosa? Che villano!

"Siete un dongiovanni, signor Baguette, ammettetelo," disse Michel.

"E me ne vanto," risposi.

Non mi hai mai trattata così male, Albin. Stasera devi assolutamente venire da me a farti perdonare. Verrai?

"Signor Baguette," disse Michel facendosi serio, "ditemi la verità. Vi siete messo in combutta con mia madre?"

"Piuttosto mi taglierei una gamba," risposi.

Oh, sì, Albin! Trattami male! Insultami! Ma vieni a farlo di persona, vuoi? Ti prego!

"Almeno, vi ha detto che le manco? È possibile che in venti giorni non abbia sofferto per la mia assenza? Sono sempre suo figlio, anche se mi tratta come un estraneo!"

"Non so cosa rispondere," dissi con imbarazzo. "Sinceramente, la cosa non mi riguarda e non mi importa. Io faccio solo il mio lavoro."

Oh, che uomo sei, Albin! Che adorabile mascalzone! Se tu sapessi in che stato mentale mi hai gettato con le tue parole! Ah!

"Eppure vi ha mandato a cercarmi. Ha corso anche grossi rischi per venire da voi. Possibile che rivolesse solo il suo denaro? Sarebbe una cosa terribile," disse il poverino scoppiando a piangere come un pupo.

"Su, su, andiamo," dissi, "fare così non serve a niente. Abbiamo tutta la notte davanti. Qualcosa combineremo. Smettiamola di piangerci addosso e diamoci da fare. E speriamo che non ci scappi il morto. Non sarebbe il primo."

Oh, Albin, Albin! Ah!

Mi accorsi che avevo il cellulare incollato all'orecchio.

"Ma chi parla?" chiesi.

Oh! Oh!

Riattaccai. Non sopporto il suono gracchiante di una linea disturbata.

"Cosa possiamo fare?" mi domandò Michel tra le lacrime.

"Voi rimanete qui," dissi, "e non aprite a nessuno. Io torno subito."

Scesi in strada. Dovevo fare una telefonata privata e non volevo che il cocco sentisse. Feci il numero della maledetta Gautier.

"Oh, siete voi, Linette. Non è stato gentile da parte vostra ammazzare una così bella signorina. Siete stato molto scorretto."

La strega giocava a carte scoperte. Scoprii anche le mie.

"Baguette. Prendetevela con Gateau-Mouche, signora. Se non volevate correre rischi, dovevate restare a Marsiglia."

"Vedo che avete preso le vostre informazioni. Molto bene, siete in gamba, Xixette. Avete trovato la borsa?"

"L'ho trovata. È in un luogo sicuro. Non preoccupatevi. E mi chiamo Baguette."

"Allora, vogliamo concludere questa transazione, Hfdurlette? Se avete la borsa, immagino che ci abbiate anche guardato dentro."

"Vorrei non averlo fatto, signora. Il mio nome è Albin Baguette."

"Ci credo, mio caro. Ci credo. La voglio. Datemela, adesso! Dove siete?"

"Non abbiate fretta, signora. Vi ho detto che non l'ho con me. Si trova in una cassetta di sicurezza alla Gare du Nord. Numero 57. C'è un mio uomo alla stazione, che vi consegnerà la chiave. Dovete solo andare a prenderla. È tutto."

"Un momento, Vwowvette! Cosa significa questa storia? Se è un trucco, vi assicuro che ve ne farò pentire amaramente! Ho ancora degli amici a Parigi."

"Baguette. Nessun trucco. Mi avete pagato per consegnarvi una borsa. Io ve la consegno. E dato che non tengo a rivedervi di persona, ve la consegno a distanza."

"Va bene, cosa volete in cambio, Brucrette?"

"Baguette. Voglio terminare il mio lavoro e non sentire più parlare di voi. Addio, signora."

Riattaccai.

Il trucco era debole, lo ammetto. Forse ci sarebbe cascata, forse no.

Telefonai al mio amico Javert della Gendarmerie. Gli dissi che avevo avuto una soffiata. Una certa Emmanuelle Gautier di Marsiglia si sarebbe trovata presso le cassette di sicurezza della Gare du Nord nel giro di mezz'ora. Il buon Javert non voleva smetterla di ringraziarmi. Se si fosse trattato di uno scherzo di cattivo gusto, disse, non avrei più rivisto la mia licenza da investigatore privato.

Volle conoscere qualche particolare, ma non mi sbottonai. Non c'era il rischio che la signora mandasse uno dei suoi uomini a ritirare la merce? No, risposi, la dama era sola a Parigi, in missione per se stessa.

Stavo rischiando grosso. Se la Gautier avesse abboccato, sarei rimasto vivo e in possesso d'una licenza. Altrimenti avrei dovuto fare senza. Senza entrambe le cose.

Accompagnai Michel alla Gare de Lyon. C'era un diretto per Nantes che partiva poco dopo. Gli misi in mano la sua borsa e gli dissi: "Andatevene, Michel. Dove vi pare, ma andatevene. Soprattutto, state lontano da Parigi e da Marsiglia. Con questo malloppo avete di che mantenervi, e bene, per un pezzo."

"Credete che rivedrò ancora mia madre?" mi disse attraverso i suoi ridicoli fanali.

"Può darsi," risposi, "ma non subito. Abbiate pazienza."

"Non avete paura che i suoi uomini vi vengano a cercare, signor Baguette?"

Paura, io? Non conosceva Albin Baguette.

"Non mi troveranno, in Italia," dissi.

"Siete sicuro di non volere un po' di questi soldi? Sono troppi per me."

"Parlate piano."

"Un'ultima cosa, Albin. Ditemi la verità. Secondo voi, mia madre era interessata a me, o soltanto al denaro?"

"A voi, senz'altro," dissi. Non è da tutti mentire così spudoratamente a qualcuno che sta salendo su un vagone ferroviario di seconda classe. Soprattutto a un pivello come Michel Gautier. Il treno partì e ci guardammo attraverso il finestrino. Quando fu abbastanza lontano, mi parve che mi salutasse con la mano. Povero ragazzo. Se la sarebbe cavata, tutto solo nel grande mondo? E chi poteva saperlo?

Andai da Sophie.

Naturalmente era ancora sveglia, non aveva clienti e mi aspettava. Il suo vestitino era davvero molto, molto corto. Signori, vi racconterei di quel che accadde da lì in avanti, ma farei un torto alla mia ganza. Non so se mi spiego. Sembrerebbero vanterie; non mi va di passare per uno che le spara grosse.

Va bene, qualcosa posso dirvelo: Sophie ci sapeva fare. Sprofondato tra i suoi enormi e morbidi orecchini dimenticai la mala marsigliese, un ragazzo occhialuto, Parigi e molte altre cose ancora.

Il cellulare squillò.

Chi poteva essere? La terribile Gautier con voce da vichingo? Il mio amico Javert deluso da un incontro mancato? Un'altra delle mie ganze?

In tutti i casi, sarebbe stata una telefonata dannatamente imbarazzante.

È il tuo cellulare, Albin. Non rispondi? Non guardi nemmeno chi è?

"Non ti preoccupare, dolcezza. So già chi è: nessuno di importante."

Oh, Albin!

La grande nuvola di Parigi si stava sollevando. Lasciava il posto a un nuovo giorno dal sapore di fogna. Qualcuno giù, davanti al portone di Sophie, mi stava aspettando e con la mano accarezzava il suo ferro. Ancora non lo sapevo, ma stavo per cacciarmi in un altro mare di guai.

Ma se lo avessi saputo, non mi sarebbe importato.

Non è da tutti essere dei duri.

Il mistero dei puntini blu

Era una brutta mattina di aprile. Il sole non faceva capolino che per brevi istanti tra la foschia e i cornicioni di Saint Sulpice. Ma in quei momenti ero svelto a rifugiarmi all'ombra delle case e dei chioschi. Se il cielo avesse cominciato a trasudare una pioggerellina fredda e sottile, la mattina sarebbe stata perfetta: ma non si può avere tutto, non so se mi spiego.

Avevo appena fatto scorta di viveri alla rosticceria del signor Hong, giù al lungofiume, passando poi all'Henry's per un rifornimento di liquidi. Mi piace il cibo cinese, soprattutto i germogli di soia. Li annaffio però con un decente cognac o con dell'acquavite. La grappa di riso mi lega i denti.

Raggiunsi il mio ufficio. Le scale sono ripide e non sempre pulite, ma non mi lamento. Non è da tutti lavorare in un palazzo storico, tra mura che hanno visto almeno due generazioni. Con le mani ingombre di borse di plastica, dovetti aprire la porta usando una vecchia ma collaudata tecnica di lotta: vi posai sopra il piede e spinsi in avanti. L'uscio non fece resistenza. Ci vuole fegato per avere la serratura rotta in un quartiere come il mio.

Attraversato il vestibolo, mi accingevo ad aprire la porta interna eseguendo la stessa mossa con l'altra gamba, quando mi sentii osservato. Mi irrigidii ma non mi voltai. Impossibile che qualcuno si fosse introdotto in mia assenza. L'avrei notato da mille piccoli segni che non sfuggono a un occhio allenato. Certe microscopiche scalfitture sul legno, per esempio, o il più piccolo detrito depositato da una scarpa proveniente dall'esterno, per non parlare dell'impronta leggerissima che una mano, anche se guantata, lascia sempre sulla maniglia che tocca. Quando sono osservato provo un prurito sulla nuca. Questa volta doveva trattarsi invece dello spiffero dell'abbaino. Maledetti serramenti dei palazzi storici.

"Scusate," disse una voce d'uomo.

Durante i corsi di addestramento alla Legione Straniera mi trovai spesso in situazioni simili. Perciò ero pronto. La cosa peggiore da fare è mostrare all'avversario che siamo sorpresi. Un urlo deciso e subitaneo comunica la nostra determinazione: è sufficiente gridare "Oddio!" e accertarsi d'avere le mani libere. La prudenza non è mai troppa.

Con uno scatto di lince afferrai la Beretta dalla fondina. Per l'irruenza del gesto essa finì sotto la libreria; in ogni caso il nemico non l'avrebbe avuta.

Mi voltai lentamente. Ruotai prima il busto, poi la testa, infine lo sguardo. Il tizio non sembrava particolarmente pericoloso. Piuttosto elegante, sui quaranta, faccia molto francese.

"Chiedo scusa, non intendevo spaventarvi. La porta era aperta e sono entrato."

"Figuriamoci. Vi manda il signor Crobilles per l'affitto? Sono in arretrato di sette mesi, lo so."

"No. Mi chiamo Brilard; sono l'avvocato Henri Brilard" precisò. Mi tese un biglietto da visita che lessi due volte. Quel nome non mi diceva nulla.

"Mai sentito. Allora vi manda la mia ex moglie?"

Disse che no, non lo mandava nessuno. Aveva bisogno di un investigatore privato. Improvvisamente divenne molto più simpatico. Lo feci entrare nella mia alcova. La chiamo alcova in senso professionale, non so se mi spiego.

"Volete che vi aiuti a raccogliere questo disastro?" disse scavalcando le mie borse della spesa. Sul pavimento si allargava un piccolo fiume di cognac.

"No. Comunque, a giudicare dal rumore, le bottiglie sono andate."

"Lo temo anch'io," disse, "e mi spiace molto di avervi…"

"Lasciate perdere," tagliai corto. "Il mio onorario è di cento al giorno, più le spese, di cui trecento anticipati."

"Ah, per me va bene."

Lo invitai a espormi il suo problema. Il caso era piuttosto semplice: minacce alla persona. Il poveretto aveva ricevuto dapprima qualche lettera minatoria, poi avvertimenti, diciamo, più concreti. Qualcuno era entrato in casa sua mettendola sottosopra. Un classico, a Parigi. Pochi giorni dopo un'auto aveva tentato di investirlo, solo per miracolo senza successo. Tipico di Parigi. Quindi, presumibilmente la stessa persona, gli aveva sparato da distanza lunga, mancandolo di parecchio. Alla polizia gli avevano riso in faccia. A Parigi ci vuole ben altro.

Ma io non sono la polizia e mi ero fatto qualche idea. Già dalle prime informazioni desunsi che l'attentatore era un pivello. Se si vuole uccidere un uomo, lo si uccide e basta.

Ero tentato di rifiutare il caso. Non si trattava che di una scaramuccia, una piccola lite, magari un diverbio per futili ragioni. Un investigatore non si abbassa a queste piccole commesse. Ho la mia dignità professionale. Ma due argomenti mi indussero ad accettare.

Il primo: il cliente (immediatamente mi venne di chiamarlo così tra me e me) posò sulla mia scrivania le trecento banane di acconto. Sentii che non potevo deluderlo.

Il secondo: un piccolo dettaglio, uno di quegli elementi quasi insignificanti che riescono sempre a creare un legame tra la mia curiosità e un evento misterioso. Il cliente (a maggior ragione potevo chiamarlo così, avendo io riposto nella tasca della giacca i suoi tangibili ringraziamenti) aveva trovato nella casa messa a soqquadro un biglietto.

"Un biglietto strano, signor Baguette."

"Quanto strano?"

"Giudicate voi." E mi porse un frammento cartaceo. C'erano disegnati alcuni punti con una penna di colore blu. Così:

Quasi che l'attentatore avesse voluto comunicargli qualcosa. Parevano i puntini da unire in certi giochi per bambini, così da far emergere un disegno. Sì, ma quale disegno? La cosa puzzava e il mio naso allenato mi chiedeva di seguire quell'odore. Per non parlare del mio portafogli.

"E la stessa serie di punti era disegnata in ogni lettera minatoria."

"Avete qualche nemico? Magari sul lavoro?"

"Nemici, io? Macché! Perché dovrei averne?"

"Già: siete avvocato. Perché dovreste averne?"

"Ma secondo voi che significano i puntini?"

"Ho già una mia teoria," dissi, "ma è prematuro che ne parliamo ora. Mi serve tempo per fare alcune verifiche."

"E io che cosa dovrei fare nel frattempo?" mi disse alzandosi.

"Nulla. Rimanete in casa. Mi farò vivo io. Ma mi serve ancora un'altra cosa, avvocato."

"Sarebbe?"

"Il nome e l'indirizzo della vostra ex fidanzata."

Ci fu qualche attimo di silenzio. "Non ho capito. Justine? E che c'entra Justine?"

"Questa Justine è stata la vostra ultima fidanzata?"

"Signor Baguette…"

"Andiamo, avvocato! Un uomo come voi. Non mi fate perdere tempo. Nome e indirizzo."

Gli porsi un foglietto spiegazzato pescato chissà dove. Lui lo posò su un angolo libero della mia scrivania e scrisse ciò che mi serviva.

"Ma voi pensate che Justine…"

"Avvocato Brilard, ascoltatemi. Non avete la fede al dito e dunque, a meno che non siate eccentrico, non siete sposato. Ergo, siete o siete stato fidanzato. Ho troppa esperienza in fatto di bambole, non so se mi spiego, per non vedere una mano femminile dietro questi episodi. La strana serie di puntini, poi, non mi fa certo pensare ai criminali del quartiere latino. Troppo elaborato. Mi mangio la licenza se la causa di tutto non è il rancore di una donna."

Lo guardai. Inseguiva fuori delle mie finestre un suo pensiero. I suoi occhi da avvocato puntavano ai tetti dell'università, per poi planare sui mostri di pietra del Notre-Dame. Probabilmente si rendeva conto che avevo colto nel segno e si meravigliava del mio intuito. Non è da tutti rivolgersi all'investigatore giusto.

29

"Dite un po', Baguette," mi disse rimuginando.

"Sparate."

"Da quanto tempo non pulite quei vetri?"

"Mi farò vivo io, avvocato."

Quella teoria della ex fidanzata poteva essere una falsa pista. Comunque era un inizio.

Dalla finestra, mi piace osservare i clienti mentre se ne vanno. Il loro comportamento, il loro modo di camminare sulla strada, mi svela talvolta più delle loro parole. Ho un mio sistema molto particolare di comprendere la psicologia delle persone dai più piccoli gesti. Ma la tettoia della signora Corbusier, giù al terzo piano, mi toglie quasi tutta la visuale. Riuscii a scorgere il bravo avvocato solo quando già stava voltando l'angolo di rue de l'Estrapade. Era piccolo come una formica. Maledetta signora Corbusier.

Andai nel vestibolo per fare un po' d'ordine. C'erano germogli di soia dappertutto. Avrei fatto ordine più tardi. Non era il momento di pensare alle pulizie, ma al nuovo caso. Nulla mi rilassa più di un bicchiere di acquavite, mentre guardo il cielo di Parigi dalla mia poltrona.

Come previsto, il liquore mi schiarì le idee. Avevo un presentimento, a proposito di quell'avvocato: che vivesse a Montmartre.

So che a un profano può sembrare impossibile, ma riuscii a farmi questa idea a partire da dettagli minimi. Avevo notato, dopo l'uscita di Brilard, una piccola macchia ocra sul mio pavimento. E un'altra macchia, molto più piccola e marrone, l'avevo scorta sulla camicia di Brilard, quasi nascosta dalla cravatta. Poteva trattarsi rispettivamente di senape fuoriuscita dalle mie borse e di caffè, ma io ero di un altro avviso.

Tutti sanno che Montmartre pullula di pittori di strada, specie in primavera. Niente di più facile che l'avvocato avesse calpestato un po' di vernice e se ne fosse anche sporcato la camicia, magari appoggiandosi al bancone di uno dei tanti caffè frequentati dai galleristi. Non sarei stato sorpreso se si fosse trattato di tempera acrilica. In più, i suoi capelli erano freschi di taglio, ed emanavano un profumo particolare. Conosco tutti i barbieri di Parigi. Quel profumo era un marchio di fabbrica. Salone Chez Louis, Montmartre. Dopo essere uscito dal mio palazzo si era diretto a ovest, il che confermava la mia teoria (da Notre-Dame-des-Champs, con un solo tratto di metro sarebbe arrivato dritto a Montmartre). Non che tutto ciò mi fosse di qualche utilità, ma ci tengo a sottolineare il mio acume. Non è da tutti.

Lessi per la decima volta il suo biglietto da visita:

Avvocato Henri Brilard, Rue Ravignan 19, Montmartre, Parigi.

Niente. Rileggere quel maledetto nome non avrebbe risolto il caso. Era ora di muoversi.

Dopo pranzo mi avviai. Questa Justine abitava in rue des Abbesses. Zona elegante. Una volta individuato il palazzo di Justine e averne trovato il nome sul campanello, non mi rimaneva che aspettare. C'era però un problema. Come l'avrei riconosciuta?

Ebbi un lampo di genio. Ci sono tecniche investigative che non vengono insegnate in nessuna accademia. Fanno parte del bagaglio dei migliori. Suonai al campanello di Justine.

"Chi è?" gracchiò il citofono.

"Signorina, devo consegnare un pacco," dissi con accento algerino. Non è da tutti parlare con l'accento richiesto dalle circostanze.

Mi aprì. Salii le scale fino al terzo piano e passai sul pianerottolo proprio mentre Justine socchiudeva la porta. Era sufficiente: ormai l'avevo vista. Una mora niente male, vestita di rosso o giù di lì. Naturalmente non mi fermai, fingendo di recarmi a un piano superiore. Restai in ascolto nell'ombra delle scale finché non udii la sua porta chiudersi, poi mi affrettai a uscire da quel palazzo. Signori, so bene che è un vecchio trucco, ma il cielo sa se non sono i più efficaci.

In attesa che alla ganza venisse voglia di uscire, presi un cono gelato in un bar accanto alla fermata della metro. Il parco di fronte pullulava di ragazzini. Uno, vicino a me, mi guardava fisso.

Forse non aveva mai visto prima un vero duro.

Leccavo il gelato alla fragola con gli occhi sul portone, quando esso si aprì. La fortuna mi assisteva: era lei! Questo era ciò che aspettavo e non mossi un muscolo: non dovevo farmi notare. Ingoiai ciò che rimaneva del gelato. Era voluminoso, ma dovevo pur liberarmene. Andò giù liscio per la mia gola in un attimo. "Mamma!" strillò allora il ragazzino, "come mai quel signore sta soffocando?"

Non gli diedi retta. Avevo in testa solo la mia preda. Non fu facile al pupo levarmi quel cono dalla trachea, ma dovette rendersi conto che ho la pellaccia dura. Mi rialzai: Justine si avviava già su per rue Le Tac. Anche se avevo perso un po' di tempo, la partita era ancora aperta. La seguii.

La ganza navigava spedita. Accelerai il passo ma senza farmi notare. Più di una volta si girò e mi parve che mi guardasse per brevi istanti. Mi aveva riconosciuto, avendomi intravisto sul pianerottolo? Improbabile, ma il suo era lo sguardo di un animale braccato. La bimba era sul chi vive. Che avessi davvero pescato il pesce giusto? Nulla di più facile. Ormai mi conoscete.

Dopo averla più volte perduta e ritrovata tra la folla, a un tratto dovetti fermarmi. La mia amica era entrata in una sala da tè. Impossibile entrare a mia volta senza tradirmi. Dopo avere atteso più di un'ora, discesi da quel maledetto monte. Il rischio non valeva la candela. Tornai al quartiere latino. La giornata era finita, e non era stata del tutto infruttuosa.

Il giorno successivo lo dedicai allo studio del biglietto con i puntini. Brilard mi aveva lasciato non solo quello ritrovato in casa, ma anche le tre lettere anonime. Il disegno era identico su tutti i documenti:

                                        •

                                   •

                           •

                   •   •

                             •

   •   •   •

Era stata usata la medesima penna a sfera di colore blu. Le buste erano state spedite da tre diversi uffici postali di Parigi, difficile quindi ricavarne una traccia. Su quel disegno mi arrovellai inutilmente: poteva sembrare un punto interrogativo al contrario, forse. Ma poi a fianco erano tracciati altri punti. Cosa significavano? Scartai l'idea del punto interrogativo.

Provai a unire quei dannati punti con la matita almeno mille volte. La linea che ne emergeva era sempre ingarbugliata come i miei pensieri.

Il secondo giorno decisi di riprovare la pista di Justine. Era un'altra brutta mattina: troppo sole. Verso le nove mi appostai di fronte al portone di Justine. Niente gelato, però.

Uscì alle dieci e un quarto, dirigendosi nella stessa direzione dell'altra volta. E io appresso. Dopo un'arrampicata che mi parve tortuosa su per le erte di Montmartre, si infilò nella sala da tè. Avevo bisogno di un contatto più stretto. Ma come l'avrei avvicinata senza destare sospetti? Mi accostai all'ingresso: *Le Consulat - Sala da tè*.

Entrare non sarebbe stato facile come pensavo. Un gorilla in livrea pattugliava la vetrina. Comunque, ci provai.

"Scusate, signore, l'ingresso è riservato ai soci."

"Ah, sì, certamente," gli sorrisi, e feci altri due passi.

L'energumeno dimostrò di non conoscermi. Solo chi non conosce Albin Baguette può fare l'errore di piantarglisi davanti a gambe aperte.

"Posso vedere la vostra tessera, prego?"

Ho inventato molti trucchi per queste circostanze; ne usai uno.

"Con piacere," dissi. Dopo essermi rovistato nelle tasche estrassi il tesserino della metro. Ci sarebbe cascato. Mentre il peso massimo esaminava la tessera mostrando con uno sforzo di palpebre tutto il suo stupore, io gli sgattaiolai fra le gambe. A questo punto gli rimanevano due possibilità. Lasciarmi andare e portare a casa le ossa tutte intere. Oppure cercare di fermarmi: in quel caso il *Le Consulat - Sala da tè* avrebbe dovuto cercarsi un altro gorilla. Non so se mi spiego.

Stavo per varcare la soglia, quando ebbi una sensazione singolare. Mi sembrava di essere trattenuto per il colletto da una forza invisibile, tanto che i miei passi non producevano alcun avanzamento. Un'idea mi sfiorò. Che il poverino avesse commesso la pazzia di afferrarmi per la giacca? Non volli nemmeno pensarlo. Sarebbe stato come mancare di rispetto al suo buon senso.

Mi voltai con il gomito proteso. Un arto umano che si fosse trovato su quella traiettoria non avrebbe più potuto servire alla propria funzione per gli anni a venire. Questa mia mossa inattesa diede l'effetto che desideravo. Per lo choc, pur continuando a stringere il mio colletto, con l'altra mano lo sventurato mi afferrò il fondo dei calzoni e si produsse in un disperato movimento a catapulta.

Conosco il ju-jitsu, chiamata anche *arte della cedevolezza*. Avrei usato la sua stessa forza per annientarlo.

Lo assecondai quindi volando sulla sua testa e portandomi prudenzialmente dall'altro lato della strada. Durante il tragitto mi resi conto di quante cose potremmo scoprire di Parigi, sorvolandola a palla di fucile. L'atterraggio non fu senza danni per il marciapiede: per ripulirlo sarebbe stato necessario il vapore a pressione. Non è da tutti.

Sfruttai il momento favorevole. Tornai alla carica e stavolta il gorilla non poté evitare l'urto del mio mento. Per il gran dolore, si appoggiò a me spingendomi verso l'alto. Di nuovo sfidai la forza di gravità. Ricaduto indenne per la seconda volta, lo guardai impietosito. Insieme ad un suo collega, accorso a dargli man forte, rideva istericamente. Poveretto. Non potevo continuare a pestarlo: difficilmente potrei lavorare se mi revocassero la licenza, non so se mi spiego.

Attraverso un vicolo, aggirai lo stabile. Come prevedevo: c'era un ingresso laterale.

Ma la fortuna, non sazia di assistermi, mi preparava una nuova sorpresa. Sopra un furgone parcheggiato, due grossi ficus Benjamin infilati in enormi vasi aspettavano di essere scaricati. Il fattorino fumava poco più in là in compagnia d'una cameriera. Elaborai un piano geniale. Mai come nel mio caso si poté dire che la fortuna aiuta gli audaci.

Con scatto felino, sollevai un ficus e mi intrufolai in uno dei grossi vasi, rimettendo poi a posto la pianta sopra di me. Non si stava certo comodi, lì dentro. Un odore eccessivo di humus. Non che il mio dopobarba fosse molto meglio.

Nel vaso che mi conteneva, fui sballottato per alcuni minuti per essere infine posato a terra. Dai rumori e dalle voci, compresi di trovarmi nella sala da tè. Attesi un tempo che mi parve ragionevole. Sollevai poi leggermente il ficus Benjamin, tanto da aprire uno spiraglio ai miei sguardi.

Interni di lusso. Non mi meravigliai di non essere socio.

Poco lontano scorsi finalmente la mia preda. Era in compagnia di altre due ganze. Un trio notevole, se posso esprimermi così. Non che si riesca a vedere bene dalla distanza di cinque o sei metri, con la terra negli occhi. Ancor meno, a udire. Probabilmente stavano dicendo cose che avrebbero fatto luce sullo strano caso dell'avvocato e dei suoi maledetti puntini.

Dovevo avvicinarmi. Facendo perno sulle anche, produssi un'oscillazione nel vaso. Un centimetro alla volta sarei arrivato fin sotto il tavolino della ganza e delle sue amiche. Per una repentina illuminazione compresi trattarsi di altre due ex fidanzate di Brilard, al pari di Justine. Così stando le cose, più d'un tassello sarebbe andato a posto. Si sono mai viste, infatti, ex fidanzate andare d'amore e d'accordo? La cosa puzzava. Ma forse si trattava dell'humus.

Avevo percorso sì e no un metro a forza d'anche, quando mi si raggelò il sangue. Davanti a me, due gambe in livrea mi ricordavano il gorilla pestato all'ingresso. Ero stato scoperto? Il tapino si chinò fino a infilare lo sguardo nella fessura che mi fungeva da oblò. I nostri occhi s'incontrarono. Chissà cosa dovette pensare.

Non è da tutti guardare negli occhi un ficus Benjamin in una sala da tè.

Forse pensò di avere le traveggole, perché lo vidi alzarsi e allontanarsi poi di qualche passo. Trattenni il respiro e bloccai ogni muscolo che non fosse involontario. Se avessi superato indenne questo scoglio imprevisto, la mia indagine avrebbe navigato spedita fino al porto sicuro della soluzione. Il gorilla si era fermato a due passi e pareva pensieroso. Non dovevo fare il minimo rumore o sarei stato spacciato.

Il mio cellulare squillò. Era Sophie.

Albin, tesoro!, è un momento inopportuno?

Ero scoperto. L'ultima cosa che vidi come ficus, fu un paio di gambe da gorilla avvicinarsi furiosamente. Le prevenni.

Mi rizzai dritto in piedi. "Fermi tutti!" gridai. "Sono un ispettore del dipartimento di agricoltura!"

Nella sala ci fu un momento di sconcertato silenzio. Non è da tutti avere un ficus sulla testa, i piedi in un vaso e molta terra nel vestito. Ma fu il mio cipiglio severo a colpire i presenti; specialmente il gorilla, che vidi costernato. Per coprire il proprio insuccesso, e per limitare lo scandalo, mi accompagnò con la massima velocità all'uscita posteriore. Prese poi a levarmi di dosso la terra. Mi parve che non si sarebbe fermato finché io ne avessi trattenuto anche un solo grammo. I suoi modi furono ruvidi ma estremamente efficaci.

Il giorno seguente rimasi a letto. Avevo bisogno di riflettere. La strigliata a quel ragazzo mi aveva lasciato tutte le membra indolenzite. Un giorno di riflessione mi avrebbe fatto bene.

Chi erano le altre due ganze? Semplici amiche di Justine o altro?

Chiamai Brilard.

"Avete già scoperto il colpevole?"

"Non dite sciocchezze. Mi servono altre informazioni."

"Su Justine?"

"No, non su Justine. Su altre vostre ex fidanzate. Almeno due che voi avete strapazzato particolarmente. Che potrebbero covare qualche rancore."

"Signor Baguette, non state esagerando con questa teoria delle fidanzate? Mi sembra che stia diventando un tantino morbosa."

"Datemi fiducia, avvocato. Fiducia e due nomi. Alla fine vi troverete contento."

Mi diede quei due nomi. Erano le fidanzate precedenti a Justine. Brilard sosteneva di averle trattate entrambe benissimo, ma il mio intuito infallibile mi diceva il contrario. Quelle tre donne covavano del rancore, o io non ero il duro più scaltro del quartiere latino.

Mi versai una razione doppia di cognac. Le ganze si chiamavano Annette e Veronique. Nomi che non mi dicevano nulla. Buttai giù il cognac. La sera scendeva contro i miei vetri non troppo trasparenti.

Su Parigi, ogni sera cala una nuvola maligna, composta di vapore acqueo e di chissà che altro. Dal quarto piano non è difficile seguirne l'avanzata sopra i tetti, tra muro e muro, e immaginarla lambire i marciapiedi umidi. Ma quella sera la nuvola tardava. Potevo scorgere limpide le piccole luci che infestano la volta nera. Non so se mi spiego.

Non mi piacciono le notti serene. Troppo fredde per i miei gusti.

Mi avvicinai ai vetri. Chissà che, oltre le ragnatele e lo sporco, non si potesse leggere la soluzione del mio caso tra quelle luci così distanti. Illusioni. Alle stelle non importava né di me, né di un avvocato, né di altre sciocchezze.

Eppure: fui colpito da qualcosa. Non so, forse il cielo di Parigi stava davvero divertendosi a fornirmi qualche suggerimento. C'era un insieme di stelle, strano, che mi lasciava una forte inquietudine. Buttai giù un altro doppio cognac. Non riuscivo a togliere gli occhi da quei puntini bianchi.

Formavano un disegno familiare, proprio sopra la tettoia della signora Corbusier.

Questo:

                           ☆
                               ☆
                       ☆
          ☆   ☆
                          ☆
   ☆   ☆   ☆

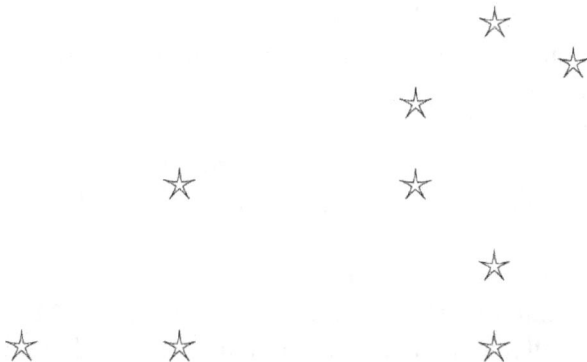

Assomigliava a qualcosa di importante, qualcosa che sapevo di avere già visto. L'illuminazione mi giunse quando la nuvola stava guadagnando lo spazio perduto. Era lo stesso disegno dei biglietti minatori! Tombola. Il mistero era risolto. Ma in che senso? Non ne avevo la minima idea.

Telefonai a Sophie.

Albin, tesoro!

"Già. Mi serve il tuo aiuto per un caso di cui mi sto occupando. Hai tempo per me?"

Oh, Albin, sta per arrivare un cliente. È una cosa urgente?

"Per quanto ne avrai?"

Non saprei, caro, non più di mezz'ora, credo.

"Bene, vieni appena puoi. Ti aspetto."

Non puoi dirmi di che cosa si tratta? Lo sai che sono curio…

Riattaccai.

Mi versai un bicchiere di acquavite. Quella scoperta mi aveva intorbidato il cervello. Nell'attesa di Sophie mi lasciai andare alle più stravaganti teorie, senza però venire a capo di una soluzione plausibile. Stelle. Non era roba per me. Non so se mi spiego.

Finalmente Sophie arrivò. Era più bella che mai. Non che in quel momento io fossi dell'umore di notarlo, si capisce. Le mostrai il segno misterioso. Lo conosceva perfettamente. Era un segno zodiacale. Me lo indicò anche in cielo, allorché uno squarcio si produsse nella nube malefica.

Il segno del leone.

Segni zodiacali. Si tratta di una di quelle scemenze usate dai chiromanti o che so io per spillare quattrini ai fessi. Sono fiero di dire che non ci sarei arrivato neanche in mille anni. Ora ne sapevo abbastanza per risolvere il caso. Ma liberarmi di Sophie non fu facile. Non lo è mai. Per esperienza, una sola tecnica sarebbe stata efficace con lei. La misi in atto lentamente e funzionò.

Non è da tutti.

Dopo avere salutato la ganza ero abbattuto ma soddisfatto. Non mi restava che unire gli elementi in modo da formare un disegno, proprio come quei maledetti puntini avevano fatto emergere il segno del leone.

Telefonai a Brilard. Aveva la voce impastata. Molto strano.

"Baguette, sono le quattro del mattino. Che diavolo c'è?"

Ecco perché aveva la voce impastata.

"Ho bisogno della data di nascita di quelle vostre ex fidanzate. Tutte e tre."

"E che diavolo volete che ne sappia, io?"

Cadde la linea. Probabilmente il poveretto aveva dimenticato. Ma io ero ben lontano dall'arrendermi. Telefonai a Giulio, il mio amico italiano. Ha il difetto di parlare a voce troppo alta, ma è pieno di risorse. Nel mio famoso caso del ragazzo scomparso non so come avrei fatto senza di lui. Non è da tutti essere così modesti.

"Giulio, ho bisogno di un altro favore," dissi. "Devi trovarmi in fretta la data di nascita di tre donne che abitano a Parigi." Gli dissi i tre nomi.

"Per quando ti servono?" gridò.

"Ora è già tardi."

Riattaccai. Dopo dieci minuti o giù di lì, Giulio mi richiamò.

Justine era nata il 28 luglio 19**, Annette e Veronique rispettivamente il 14 e il 17 agosto 19**. Da quanto avevo appreso da Sophie, erano tutte del segno del leone. Ero molto, molto vicino a qualcosa, ma vorrei essere fulminato se sapevo a cosa. Non è da tutti essere così obiettivi.

La mattina dopo mi svegliai con un martello nella zucca. Un pensiero fisso mi turbava il torpore del risveglio: il leone. Avevo sognato una schiera di leoni; e il primo della fila essendo enorme, mi raggiungeva per ingoiarmi tutto intero. Nessuna meraviglia che fossi tutto sudato. Poi riannodai i fili della sera precedente. Buttai giù a mo' di colazione qualcosa di crudo, forse cavolfiore, e mi misi al lavoro. Come prima cosa mi recai da Justine.

Era in casa. Mi qualificai come segugio e accettò di socchiudere un poco l'uscio. Sbirciai. Justine non era di certo troppo vestita, non so se mi spiego. Se quel Brilard l'aveva lasciata per qualcosa di meglio era un uomo fortunato. Cercai di concentrarmi.

"Signorina Justine," cominciai, "voi non mi conoscete ma io conosco voi."

Mi guardò sospettosa tra il portoncino e lo stipite. "E com'è possibile?"

"Mi hanno parlato di voi. Conoscete l'avvocato Brilard?"

"Purtroppo. E che avete a spartire voi con Henri?"

"Mi ha incaricato di scoprire chi attenta alla sua vita."

"Vi ha incaricato?"

"Sì, signorina. Ricordate l'altro giorno, alla sala da tè a Montmartre, quel ficus che è esploso? Ero io."

"Quindi mi avete pedinato. Mi ha fatto pedinare," disse Justine aprendomi la porta e facendomi entrare. "Accomodatevi, signor…"

"Baguette."

Le dissi ciò che avevo scoperto. Andai giù duro. Lei e le sue due amiche, le dissi, avevano tramato per uccidere, o comunque per spaventare l'avvocato Brilard. Quel segno, eseguito con nove punti blu, era una specie di firma, un marchio di fabbrica. Era il loro segno: il segno del leone.

Mi disse, gelida: "Ma che bravo."

"Già," risposi trionfante.

Ammorbidendosi un po': "Cosa bevete, signor Baguette?"

"Cognac, signorina, se non è disturbo."

Completamente a suo agio: "E posso sapere perché venite qui da me a raccontarmi questa storia?"

"Perché vedete, signorina, mi manca solo un elemento, diciamo uno dei vostri puntini blu, per completare il disegno. E cioè il movente. Tre donne che hanno amato lo stesso uomo non entrano in combutta tra loro con tanta decisione, se non per un motivo veramente grave. È questo, che mi manca."

"Volete sapere perché ci siamo alleate? Volete sapere perché abbiamo cercato di far fuori Henri, e per quale motivo lo faremo, prima o poi? Il vostro cognac, signore. Mettetevi comodo."

"Grazie, signorina. E so anche che me lo direte, perché la mia teoria è così sottile da non poter servire ad altro che a unire puntini. Non certo sufficiente per nuocervi."

Così quella graziosa Justine me lo disse.

Santo cielo.

Era una brutta storia. Se ne era parlato brevemente su Le Figaro qualche anno prima, poi più nulla. Maledizione a me, avrei dovuto ricordare.

Era la storia di un avvocato piuttosto noto, non privo di risorse economiche. Balzato agli onori dei rotocalchi perché accusato da quattro giovani ganze di comportamenti, diciamo, sopra le righe, aveva subìto un processo. Gli fu contestato di avere rubato quattro volte un fiore che non aveva saputo farsi regalare. Non è da tutti parlare con tanto tatto.

O era migliore come avvocato che come gentleman, o le accuse erano false; fatto sta che non se ne fece nulla. Assoluzione per mancanza di prove. Una di queste quattro accusatrici non aveva digerito la faccenda. Di lei si erano perse le tracce, essendo scomparsa misteriosamente. Probabilmente la Senna sapeva dove, non so se mi spiego. Le altre tre avevano covato per tutto quel tempo ma ora si erano stufate di covare. Una di loro era davanti a me. Mi descrisse molti più dettagli di quanti io desiderassi sapere. Non li riferirò qui. Non che certe azioni riescano a scuotere il mio animo indurito da tanti anni a Parigi. Ma c'è un limite sottile tra la dignità ferita di una ganza e la vigliaccheria di un avvocato; ed è un terreno di confine che un vero signore calpesta in punta di piedi.

"E adesso che lo sapete, signor Baguette, cosa pensate di fare?"

La guardai gelido. Con le sue confidenze non aveva potuto intaccare la mia indifferenza di segugio. Dopotutto ero un professionista e ne avevo sentite di peggio. Se pensava di commuovermi aveva sbagliato pollo.

"Nulla, signorina. Nulla tranne il mio dovere."

"Come dite, signore? Se piangete così non capisco. Calmatevi, avanti. Bevete un altro sorso di cognac."

Il resto di quella giornata vagai per gli Champs-Élysées, con un sapore di fogna tra le fauci. Difficile sapere con quante razioni di cognac tentai di cacciar via quel sapore. Ricordo di essere tornato in ufficio e di essermi svegliato l'indomani con la testa sulla scrivania.

Doveva essere giorno fatto.

Tastai in giro sotto le innumerevoli carte, contravvenzioni e bollette alla ricerca del biglietto da visita di Brilard. Dovevo vederlo: avrei rinunciato al caso e restituito l'anticipo. Non è da tutti. Soprattutto, non è da me.

Quando emersi dal pozzo infernale che è la fermata della metro di Abbesses, Parigi nereggiava intorno. Contro il cielo livido si protendevano i mostri di pietra del Sacro Cuore ad ammonirmi. La villa di Brilard era roba di classe, con l'accesso diretto da rue Ravignan. Suonai al campanello. Nessuno mi rispose.

Mi guardai intorno e sfoderai il mio famoso mazzo di chiavi false. Ma era superfluo: l'uscio sembrava aperto. Lo spinsi con dolcezza. Era aperto. Entrai come un gatto. Mi conoscete: quando entro di soppiatto nell'abitazione di un avvocato di Montmartre ho sempre i sensi tesi allo spasimo. Percorsi lentamente un corridoio, il mio ferro nella mano.

Una porta interna era socchiusa. Riuscivo a intravedere l'angolo di una scrivania e poco altro. Feci pressione col piede, la porta ruotò.

Santo cielo!

Sdraiato sul pavimento, un uomo guardava fisso il soffitto. Aveva la faccia di Henri Brilard. Un oggetto che mi parve un coltello da cucina gli usciva di poco dal torace, sul lato sinistro o giù di lì.

Probabilmente era morto.

A quella vista, restai perfettamente calmo. Quando serve ho nervi di ferro.

Gridai forte "Mon Dieu!" Se l'assassino fosse stato nascosto da qualche parte, avrebbe capito di avere a che fare con un uomo dalla voce possente. Non è un dettaglio da trascurare. La mano di qualcuno aveva posato sul defunto un piccolo biglietto. Non mi fermai a guardare: sapevo già che era costellato di punti blu.

Mi scossi. Dovevo alzare i tacchi. Agli occhi del commissario Javert, un morto non era un buona frequentazione. Raccolsi la Beretta, il cappello e le chiavi, caduti chissà come, e mi affrettai a guadagnare la strada.

Ora Montmartre mi scottava sotto i piedi.

A balzi discesi il milione di gradini di Abbesses, raggiunsi in metro il Trocadéro e uscii all'aria aperta per respirare liberamente; intanto rimuginavo amari pensieri. Molte domande mi frullavano nel cervello. Una. Come aveva potuto quella Justine fare il colpo grosso, sapendo che sapevo? Mi rendeva suo complice e ciò non mi piaceva. Decido io quando voglio essere complice di una bambola. Due. Perché Brilard mi aveva comunicato il nome delle sue ex ganze, correndo un enorme rischio? Forse perché mi sottovalutava. O forse voleva essere salvato. Tre. Sarebbe la Gendarmerie arrivata a Justine? Non grazie a me.

Il posto migliore per riflettere era la pizzeria di Giulio. Per fortuna non era ora di punta. Mi feci dare il solito sgabello e ordinai da bere. La birra di Giulio mi schiarisce sempre le idee.

"Amico mio, hai una faccia d'inferno," mi gridò l'italiano.

"Siediti, Giuliò," gli dissi. E seduto che fu: "Tu ci credi," gli domandai, "agli oroscopi?"

"Scherzi?" gridò. "Una volta lessi che avrei avuto una bellissima giornata."

"Allora?"

42

"Quel giorno mi sposai. Al diavolo gli oroscopi!" gridò.
"Non mi dirai che tu ci credi."

Presi una sorsata di birra. "A volte danno pronostici terribili.
Non so se mi spiego."

"Ti spieghi benissimo; togliti la schiuma dal naso," gridò.
"Ricordo che un giorno mio cugino Mario mi svelò un segreto: le
costellazioni non esistono!"

"Che vuoi dire?"

"Ma sì, il cielo è grande. Una stella qui, una là, un'altra a un
fantastilione di anni luce."

"Non starai esagerando?"

"Solo che noi, da quaggiù, le vediamo allineate, a formare un
disegno," continuò a gridare Giulio, "ma non è mica vero! Solo a
cambiare punto d'osservazione, vedremmo tutt'altra cosa!"

"Già," dissi, "come quando vedi la cupola degli Invalidi
allineata con il Saint Germain e il Notre-Dame, ma è per effetto
della distanza. Se ti sposti di un isolato non sono più allineati."

"Lo vedi che sei intelligente?" gridò.

Presi un'altra sorsata di birra. Non è da tutti avere un amico
dalla conversazione brillante.

"Certe volte si creano dei legami, Giuliò," gli risposi, "le
persone sono vicine e sembra che insieme formino un disegno,
che tutto abbia un senso. Ma basta cambiare prospettiva e quel
disegno non c'è più. Tutti noi siamo solo puntini blu legati da
tenui tratti di matita, che il tempo o il destino a volte cancella
lentamente."

"Anche mia moglie?"

"Soprattutto tua moglie. Non so se mi spiego."

"Sarà. Scusa, mi chiamano dalla cucina," gridò.

Presi la metro e rientrai alla base. Dovetti scavalcare i
germogli di soia. Maledetto signor Hong.

Verso sera, il cellulare squillò. Era l'ispettore Javert. Un certo
avvocato Brilard era stato ritrovato nel suo studio di rue
Ravignan a Montmartre con un coltello da cucina nel petto.
Essendo il mio numero scritto sulla sua agendina, avevo qualche
informazione da comunicare alla Gendarmerie?

L'ispettore fu come al solito molto cortese. Se avessi fatto il
cretino, disse, mi avrebbe spedito al fresco.

"C'era un biglietto, dite? Che biglietto?"

"Non so, non ci capisco niente," abbaiò Javert, "una sfilza di punti blu."

"Nient'altro?"

"Nient'altro, maledizione."

"Mi spiace ma non vi posso aiutare. Era stato mio cliente, ma diversi anni fa e per una questione da poco. Non saprei che dirvi." Non è da tutti essere così riservati.

Riattaccai. La nuvola premeva sui vetri. Se li avessi aperti, essa avrebbe invaso il mio ufficio al quarto piano. Tra qualche ora, può darsi di notte, si sarebbe ritirata, si sarebbe dilatata e rarefatta, sarebbe stata solcata da squarci neri. E se Javert avesse guardato in su, avrebbe visto, avrebbe capito.

Ma era un evento raro. E poi la primavera sarebbe presto finita, portando con sé un mistero e seppellendo per un altro anno il segno del leone.

Un rumore mi fece trasalire. Forse un altro cliente bussava alla porta del vestibolo. Forse era Justine. Non è da tutti bere tranquillamente un doppio cognac mentre uno sconosciuto è dietro la porta. Il cliente, o chiunque fosse, poteva aspettare.

Il mistero del fusto di Tempranillo

A volte il mio lavoro è noioso. Non che mi lamenti, ma insomma. Mi trovavo nel Marais, alle cinque di un lungo giovedì pomeriggio di metà giugno, seduto al tavolino di un caffè di rue Commines. Stavo pedinando la moglie di un certo Gavroche, mio cliente, la quale amava bere da più fontane, non so se mi spiego.

L'avevo seguita mentre passeggiava spedita lungo il B.rd du Temple, poi mentre girava circospetta per rue Commines, fino a vederla fermarsi davanti all'hôtel che prende il nome dal quartiere. Qui, aveva salutato con apparente distacco un tizio che pareva un rappresentante di aspirapolvere. Ero riuscito a fotografarli mentre sparivano insieme nella hall. Da più di due ore aspettavo, con la macchina fotografica sul tavolino e tre bicchieri vuoti accanto. Nessuno regge tre drink di pomeriggio come il sottoscritto.

Non mi servivano altre foto: dopo dieci giorni di pedinamenti avevo materiale sufficiente per dare lavoro a qualche avvocato divorzista; ma il cielo di Parigi, non troppo soleggiato, mi invitava a restare ancora un po' dietro quel tavolino del Marais. Per ammazzare l'attesa leggevo Leo Pulp, il mio eroe dei fumetti. Non che io sia tipo da leggere fumetti, ma Leo Pulp è un vero duro.

Il cellulare squillò: era Sophie.

Albin, tesoro, sono io. Ti disturbo?

"Finché non escono, no."

Ah, stai lavorando. Ma scusami, sai, è una cosa importante.

"Bellezza," mentii, "tutto quel che mi dici è importante."

Oh, Albin!

"Allora?"

Oh, Albin!

"Dico: questa cosa importante?"

Ah, sì. Ecco, tesoro, mi ha chiamato la mia amica Lulu. Sai, quella che lavora nell'11° arrondissement.

L'avevo presente. Due orecchini così non si scordano. "Sì, mi pare di ricordarla."

Allora, nel palazzo in cui lavora sta succedendo qualcosa.

"Vorrei ben vedere."

Ma no, sciocchino, parlo sul serio. Lulu dice che nelle cantine c'è un morto!

"Sophie, io sto lavorando."

No, davvero! Oh, caro, è così agitata! Magari non sarà nulla ma tu sii bravo, vai a dare un'occhiata. Lo farai? Dimmi che lo farai.

"Perché non chiama la polizia?" Dopo averlo chiesto mi morsi la lingua. A volte non rifletto.

Ma dico, Albin! Sei matto? Lo sai che negli ultimi tempi quei maledetti poliziotti non fanno che dare il tormento alle ragazze? Non solo a Lulu, ma anche alle altre che lavorano nel palazzo. L'altro giorno, non ci crederai, c'è stata una retata! Le hanno portate tutte in Gendarmerie e... Insomma, non è proprio il caso! Chiamare la polizia! Figuriamoci!

"Adesso calmati."

La arresterebbero, come minimo! Figuriamoci!

"Calmati, ho detto! D'accordo, andrò a dare un'occhiata. L'indirizzo?"

Oh, Albin! Rue Moufle, 5, devi suonare all'appartamento 28. Grazie, tesoro, Lulu ne sarà felice. Poi volevo dirti, caro...

Riattaccai. I due piccioni erano usciti dall'hôtel. Li immortalai per l'ultima volta mentre si salutavano con un bacio. Molto romantico, ma anche molto stupido. Se avessero saputo di essere pedinati da un vero segugio avrebbero fatto meno salamelecchi. Ne avevo abbastanza. Mi ficcai in tasca la fotocamera, raccattai Leo Pulp e pagai le tre cedrate. Dove diavolo sarà rue Moufle, mi domandai. Intanto c'era da raggiungere a piedi l'11° arrondissement. Maledetta Lulu. Lo so, sono troppo buono. Non è da tutti.

Il palazzo era molto trafficato, non so se mi spiego. Dal portone vidi entrare ed uscire almeno sei o sette signori distinti. Avevano il bavero molto sollevato. Suonai al numero 28 e aspettai. Dopo qualche istante il citofono gracchiò: "Chi è?"

46

"Lulu, sono Baguette."

"Oh, sì, Sophie mi ha detto. Ti apro il portone, scendi nelle cantine e vedrai. Non posso accompagnarti, però."

"Naturalmente."

La porta dell'androne si aprì con un *drang* metallico; entrai. Una scala portava all'interrato. Qui partiva un lungo corridoio poco illuminato. Sui due lati, porte di legno male in arnese davano accesso alle cantine.

Cantine! Che cosa diavolo se ne facessero, le inquiline di quel condominio, era un mistero. Una cantina ha sempre avuto per me un sapore romantico, facendomi pensare a ricordi di famiglia accatastati, a quella Parigi che non c'è più. Ma non sono il tipo da indulgere al romanticismo. Mi conoscete.

Mi asciugai gli occhi con la manica e mi guardai intorno. Da quando ero sceso in quell'interrato, anzi fin da quando ero entrato nell'androne, uno strano odore mi aveva colpito. Man mano che procedevo lungo il corridoio si faceva più penetrante. La mia attenzione fu attratta, nella penombra, da alcuni formaggi appesi in fondo al budello.

Ora, tutto si spiegava.

Ma poi feci scivolare lo sguardo in basso, giù fino al pavimento, perché c'era, in effetti, qualcosa di molto singolare. Da sotto la porta di una cantina un rivolo scuro usciva: il liquido formava un piccolo fiume al centro del pavimento, fino ad essere inghiottito dalla buca di scolo. Mi piegai a guardare. Di qualunque sostanza si trattasse, si era seccata scorrendo, direi anzi coagulata.

Posai la mano sulla Beretta e sganciai la sicura della fondina.

La porta non era a prova di ladro. Di certo non era a prova di Baguette. Alla quindicesima spallata cedette subito. Santo cielo! Da quello stanzino buio esalava un fetore d'inferno. Altro che formaggi. O lì dentro c'era un elefante in putrefazione o mi sarei mangiato la licenza.

Mi rialzai, cercai un interruttore e accesi la luce. Dapprima credetti che la lampadina fosse fulminata. Mi sbagliavo: era solo avvolta da un centimetro di sporco e caligine. Ma un vero segugio non ha bisogno della luce.

Signori, vorrei perdere il mio famoso charme se in quella cantina non registrai la più completa accozzaglia di cianfrusaglie che mai si sia vista. Dietro una collezione di telai di bicicletta scrostati, copertoni flosci appesi a ganci rugginosi, attrezzi da giardino, vanghe, pale, un piccone e parecchi rastrelli; dietro questo campionario di oggetti ricoperti da uno strato impressionante di polvere, centinaia di bottiglie vuote e polverose riempivano uno scaffale lungo i tre muri. Solo un piccolo finestrino a livello della strada interrompeva la continuità. Era però talmente ingombro di ragnatele da sembrare murato.

Non è da tutti avere una memoria fotografica.

Ma, al centro della cantina, un oggetto era davvero degno di attenzione. Si trattava di una piccola botte di legno dalle doghe chiare e con cerchi di ferro nero. Non era più alta di un metro. La riconobbi per quello che nel gergo dei vinai e dei tavernieri si chiama *fusto*. La osservai da vicino, perché la cosa singolare era la totale assenza di polvere. Stonava in quella cantina come il sottoscritto al circolo del bridge, non so se mi spiego.

Da sotto, correva una traccia scura rinsecchita che andava poi a perdersi nella buca di scolo del corridoio.

Tombola.

Cosa significava la presenza di questo fusto e del rivolo coagulato? Non ne avevo idea, ma il mio intuito infallibile mi suggeriva di coinvolgere il signor Beretta. Sguainai il ferro, richiusi la porta e mi chinai sul fusto. L'odore era ora davvero insopportabile, ma non me ne curai. Una volta nella Legione, durante una missione delicata, dovetti cuocere cavolfiore per due giorni di seguito.

Esaminai da vicino quella piccola botte. Il coperchio sembrava solo appoggiato sull'imboccatura superiore: niente chiodi. Nella parte bassa delle doghe, proprio vicino al pavimento, notai una piccola scritta, stampigliata con inchiostro violetto:

Tempranillo - Ramón Gilgado – 2005

Il nome non mi fu d'aiuto. Sapevo, naturalmente, che il Tempranillo è un vino spagnolo, ma di solito non bevo che del buon cognac o della decente acquavite. Che ci faceva un vino spagnolo in un condominio frequentato dai clienti di Lulu? E come poteva un vino spagnolo esalare un miasma mortifero? Forse stavo per cacciarmi in un guaio.

Stringevo la Beretta con la destra. Con l'altra mano provai a sollevare il coperchio. Non fu subito facile: quel dannato coperchio aveva la tremarella. Finalmente l'afferrai e lo spalancai di colpo.

A causa della penombra non riconobbi subito l'oggetto contenuto nel fusto. Pareva uno scopettone con le setole nere voltate all'insù. Sotto lo scopettone c'era una specie di pallone bianco con un buco a imitare una bocca aperta e due macchie scure, come un paio d'occhi. Mi feci luce con il cellulare. Quegli occhi mi guardavano fisso, perché il pallone era il volto di un uomo e lo scopettone i suoi capelli.

Lulu aveva ragione: in quel fusto di Tempranillo c'era il cadavere più maleodorante di Parigi e, credo, di tutta la Francia.

Mantenni la calma. Con la mia esperienza, un uomo morto mi fa lo stesso effetto che può fare a una sarta un rocchetto di filo beige. Ma l'assassino poteva non essere lontano.

Conosco diverse tecniche di lotta per sfuggire a un agguato in una cantina. Bisogna innanzitutto appiattirsi al suolo. Se il pavimento è viscido, la cosa può essere rapidissima. "Putain!" gridai, sparando un colpo in aria e centrando la lampadina. La stanza piombò nell'oscurità e io su certi arnesi metallici. Dovevano essere manubri di bicicletta, come giudicai in seguito dal tipo di ecchimosi. Immobile, nel buio, tesi l'orecchio. Non un rumore veniva dal corridoio. Nell'oscurità non fu facile districarsi dai manubri di bicicletta. Alla fine guadagnai la porta ed emersi da quel maledetto stanzino.

Non potevo non avvertire la Gendarmerie, riflettei nel corridoio. Prima o poi, qualcuno l'avrebbe fatto comunque. Così, richiusi alla meglio la porta sfondata, uscii su rue Moufle e respirai profondamente. L'aria di Parigi non mi era mai sembrata così pura, non so se mi spiego. Ma tra un paio d'ore la nuvola maligna sarebbe calata e forse avrei cambiato parere.

Mentre mi allontanavo a piedi chiamai il buon Javert. Gli dissi del morto e gli diedi l'indirizzo. Lui fu, come al solito, molto riconoscente. Mi consigliò di pregare il mio dio di non avere nulla a che fare con questa storia, o non avrei più visto la licenza da segugio.

Chiamai Sophie.

Albin, tesoro! Prima è caduta la linea.

"Già."

Sei poi andato da Lulu per quella cosa che ti dicevo?

"Proprio per questo ti chiamo. Tra un quarto d'ora o giù di lì, in rue Moufle si ballerà il valzer, non so se mi spiego. Di' a Lulu che è meglio cambiare aria, in tutti i sensi, e che avverta anche le sue amiche."

Oh, no, Albin, che succede? Un'altra retata?

"Più o meno. Poi ti spiegherò."

Ma, Albin...!

La linea cadde di nuovo. Con due tratti di metro fui al quartiere latino. La rosticceria del signor Hong non era lontana. Mi fermai però prima in un discount per rifornirmi di liquidi. I germogli di soia del signor Hong non vanno giù, senza mezza bottiglia di cognac.

Il lungofiume era deserto. In fondo al nastro della Senna, il cielo cominciava a diventare del colore del cognac mentre, dall'altra parte, le nubi andavano diradandosi. Gli odori di Parigi mi giungevano con la brezza serale facendomi rimpiangere le cantine di rue Moufle. Di fronte a me, le facciate sulla riva erano livide, parevano sul punto d'infuocarsi. E si infuocavano, infatti, ad ogni vetro di finestra. Tra poco il sole sarebbe però disceso del tutto: vidi la nuvola maligna in attesa sopra i tetti. Si allungava grigia sull'11° arrondissement, sul quartiere latino e sul Marais. Si distendeva sopra la città come un lenzuolo grigio sopra un cadavere, non so se mi spiego. Sapevo che stava inghiottendo l'odiosa torre di ferro, l'oro degli Invalidi, la biblioteca nazionale e infine gli edifici più bassi, le piazze, le bocche della metro, il lungofiume, perfino la chiatta con la rosticceria del signor Hong, nella quale alla fine entrai.

Seduto sull'unico sgabello buono, stavo finendo la prima scodella di germogli quando il cellulare squillò. Era Gavroche. Sapete, il tizio di cui pedinavo la moglie.

"Signor Baguette?"

"Guardate che sono al ristorante."

"Ah, scusate: sarò breve. Vorrei solo sapere come è andata oggi."

"Per qualcuno, benissimo."

"Ma avete potuto vederla?"

"Io sì: io l'ho solo vista."

"Insomma, cos'ha fatto? Ha incontrato un uomo, sì o no? È da più di una settimana che mi tenete sulle spine. Io devo sapere, Baguette!"

"Fimor Gaoof…"

"Non ho capito niente."

Non c'è peggior sordo di chi non vuol sentire. Inghiottii i germogli di soia e ripetei: "Signor Gavroche, oggi ho completato il lavoro. Domani al massimo vi invierò le fotografie, che troverete molto interessanti."

"Insomma non mi dite niente."

"Sì, una cosa. Buona serata."

Riattaccai. Maledetto seccatore. Se non fosse stato per le trecento banane anticipate l'avrei mandato al diavolo, contribuendo così ai buoni affari dell'hôtel Marais per gli anni a venire. Ma un cliente è un cliente e Albin Baguette ha una reputazione. Gli avrei addebitato anche il tempo e le spese del nuovo caso, perché quello del fusto di Tempranillo era un caso del tipo peggiore: gratuito. Ero deciso a risolverlo - e prima di Javert - per amore della sfida e per la ricompensa che avrei poi potuto riscuotere da Sophie. Per quanto, anche Lulu…

Non avevo molti indizi. Soltanto una cantina e quel nome: *Tempranillo - Ramón Gilgado – 2005.*

Chiamai Giuliò, il mio amico italiano del Trocadéro. Non ho mai saputo come faccia, ma è in grado di reperire qualsiasi informazione in tempi dannatamente rapidi. Gli domandai notizie di quel vino: quali fornitori lo distribuivano a Parigi, e a chi. Mi serviva anche l'elenco dei proprietari degli appartamenti del n.5 di rue Moufle.

Nell'attesa della sua risposta, andai in ufficio. Volevo posare la macchina fotografica, che mi gonfiava la tasca della giacca, e finire la bottiglia di cognac. Non si lascia una bottiglia a metà.

Seduto in poltrona, con lo sguardo sui tetti del quartiere latino, ripensai alla giornata e provai ad elaborare una strategia investigativa. Ma la faccia di quel morto con i capelli a scopettone non la voleva finire di danzare davanti alle mie finestre, o forse era solo la nuvola maligna vista dietro un vetro non molto pulito. Verso la fine della bottiglia non mi riuscì di distinguere più nulla, fuori: né nubi né facce o chissà che. Pescai il giornalino dalla giacca e provai a sfogliarlo, ma Leo Pulp aveva una testa come un pallone e certi buchi oleosi al posto degli occhi. L'inchiostro era coagulato in una striscia indistinta color sangue. Così mi arresi al sonno.

La mattina successiva mi alzai con le ossa peste. La schiena mi doleva ancora. Maledetti manubri. Guardai il cellulare ma non c'erano chiamate. A volte Giulio preferiva rispondermi via posta elettronica. Accesi il computer con impazienza e guardai.

La prima e-mail era di Gavroche, il cornuto. Gli avrei risposto più tardi. La seconda invece era di Giulio. Diceva:

CARO ALBIN, HO LE RISPOSTE CHE CERCAVI!
LA SITUAZIONE È COMPLICATA, COSÌ PREFERISCO SCRIVERTI PIUTTOSTO CHE PARLARTI AL TELEFONO!
IL VINO TEMPRANILLO DELL'AZIENDA *RAMÓN GILGADO* È DISTRIBUITA DA UN CORRIERE SPAGNOLO!
VIENE DA OLTRE I PIRENEI, SAI, DA UN POSTO CHE SI CHIAMA *HARO* (FRANCAMENTE NON SO SE SIA UNA GRANDE CITTÀ O UN PICCOLO PAESE)!
AD OGNI MODO, A PARIGI SOLTANTO UN RISTORANTE SE NE RIFORNISCE!
HO SAPUTO CHE IN QUESTO LOCALE SI PUÒ CENARE E GUARDARE SPETTACOLI DI FLAMENCO!
IL SUO NOME È: "EL NASO DOBLE" E SI TROVA NELL'11° ARRONDISSEMENT IN RUE DU CHEMIN VERT ALL'ANGOLO CON RUE POPINCOURT!
QUANTO AGLI APPARTAMENTI DI RUE MOUFLE, I PROPRIETARI SONO SOLTANTO TRE!
IL PRIMO LI POSSIEDE QUASI TUTTI, CIOÈ 12 SU 14!
SI TRATTA DI UNA SOCIETÀ CON SEDE ALLE BAHAMAS, LA QUALE SUBAFFITTA ALLE RAGAZZE CHE CREDO TU CONOSCA, SE NON ALTRO PER SENTITO DIRE!
UN ALTRO ALLOGGIO APPARTIENE ALLA SIGNORA JOLIE RACHMANINOFF, CHE HA 92 ANNI E CI VIVE CON L'ANZIANA ZIA!
L'ULTIMO APPARTAMENTO, STAI A SENTIRE, È DI TALE DONATIEN BOUVARD, PROPRIETARIO DEL RISTORANTE "EL NASO DOBLE"!
STRANE COINCIDENZE, EH, AMICO MIO?
SO CHE ANCHE JAVERT HA FATTO SUBITO RICERCHE SULL'APPARTAMENTO, PERCHÉ MIO CUGINO FRANCO CHE LAVORA ALLA GENDARMERIE DICE CHE QUESTO BOUVARD È APPENA STATO ARRESTATO E STAMATTINA SARÀ INTERROGATO!
GLI HO CHIESTO SE HA SENTITO PARLARE DEL TEMPRANILLO MA È CADUTO DALLE NUVOLE!

CREDO CHE JAVERT NON ABBIA NOTATO LA SCRITTA SUL FUSTO O, SE L'HA NOTATA, NON È ANCORA RISALITO AL LOCALE DI FLAMENCO!
E NON HANNO IDEA DI CHI SIA IL MORTO!
SPERO DI ESSERTI STATO D'AIUTO, MIO CARO!
NON FICCARTI NEI GUAI!
TUO,
GIULIO!

Caro Giulio. Neanche per iscritto poteva fare a meno di gridare. Mi versai tre dita d'acquavite e provai a riflettere. La mia intuizione si era rivelata esatta: il proprietario di quella cantina aveva a che fare con l'omicidio, ma questo era fin troppo ovvio. Escludendo le ragazze e la vecchia centenaria, l'unico nome rimasto doveva essere quello giusto. Il ristorante *El naso doble* era nello stesso quartiere in cui avevo trovato lo scopettone. Anzi, il n.5 di rue Moufle si trova a pochi metri da rue du Chemin Vert. Quindi, Bouvard doveva aver ammazzato quel tizio nel ristorante, l'aveva nascosto nel fusto vuoto di Tempranillo e aveva depositato lo strano fardello nella cantina, in attesa di sbarazzarsene definitivamente.

Javert era arrivato alla stessa conclusione, e piuttosto alla svelta. Forse il caso era chiuso.

Eppure, il mio intuito infallibile da segugio mi diceva che la faccenda era più ingarbugliata di quanto sembrasse. Perché questo Bouvard non se n'era sbarazzato subito? Ricordavo ancora bene l'odore che emanava il cadavere. Un odore di diversi giorni. Me ne intendo. Chi sarebbe così stupido da lasciare un morto nella propria cantina per tutto quel tempo?

Trangugiai l'acquavite e guardai l'ora. Non fu facile: l'orologio tremava violentemente. Dovrei smettere di bere acquavite la mattina.

Comunque, erano le dieci passate. Decisi che quella sera stessa avrei fatto una visita al *El naso doble*. Non che mi piacciano gli spettacoli di flamenco, ma la soluzione del garbuglio doveva essere lì. Nel frattempo mi sarebbe stato utile parlare con Lulu. La ragazza era sveglia: l'avevo notato al primo sguardo, non so se mi spiego. Forse avrebbe potuto dirmi qualcosa a proposito del tizio arrestato. Telefonai a Sophie.

Albin!

"Ha preso il volo, la tua amica?"

Be', potresti salutarmi, almeno!

"Sophie, è un'emergenza. Devo parlare con Lulu. Dov'è?"

Oh, le ragazze hanno cambiato zona. C'è stata una retata, sai? Lulu si è trasferita qui da me, per il momento. Finché le cose non saranno più tranquille.

"Santo cielo! Vuoi dire che è lì con te? Adesso?"

Certo, è qui.

"Passamela."

Sì, caro. Lulu!

"Pronto."

"Lulu, sono Baguette. Ci conosciamo."

"Certo tesoro! Grazie per la soffiata."

"Lasciamo perdere. Nel condominio di rue Moufle abita un certo Bouvard. Che sai dirmi di lui?"

"Oh, quasi niente. Ha sui cinquant'anni o forse meno. È proprietario di un ristorante lì vicino. Si fa vedere poco. Ma nell'ultima settimana non c'era."

"Come, non c'era?"

"Già, credo che fosse in vacanza. La sua buca delle lettere si era riempita di posta. Ma ieri è tornato."

"Aspetta, aspetta. È tornato ieri? Sei sicura? È molto importante."

"Certo. È stato via una settimana e ieri è tornato. Ne sono sicura."

"Questa informazione mi è preziosa. Grazie."

"Figurati tesoro. Ah, ti passo di nuovo Sophie…"

Cadde la linea.

La cosa si faceva interessante. Alle domande su Bouvard se ne aggiungeva una. Com'è che un tizio fa le valige e va in vacanza, ma dopo pochi giorni torna, uccide un uomo e lo nasconde nella propria cantina, dopo di che ritorna in vacanza come niente fosse, e rientra a casa in tempo per essere arrestato? Qualcosa non quadrava, anzi molto più di qualcosa.

Chiamai Giulio.

"Albin!"

"Non gridare, maledizione."

"Hai visto la mia e-mail?"

"L'ho vista. Ma c'è un problema. Secondo me Bouvard è la persona sbagliata."

"Javert non la pensa così, amico mio!"

"Già. Fammi un favore. Chiama di nuovo tuo cugino Francò in Gendarmerie. Mi serve un aggiornamento."

"Ci provo, caro, ma non garantisco!"

Riattaccai. Mi richiamò prima che potessi versarmi il secondo bicchiere.

"Albin!"

"Che novità?"

"Amico mio, non so come tu faccia! Non so proprio come tu faccia!"

"Non sei il solo. Che vuoi dire?"

"L'hanno appena rilasciato."

"Bouvard?"

"Proprio lui! Mio cugino dice che l'omicidio è avvenuto fra quattro e cinque giorni fa. Ma Bouvard, in quei giorni, si trovava su una spiaggia delle Maldive!"

"Parla piano."

"Già, proprio così! E allora, capisci, Javert ha dovuto lasciarlo andare. Ma senti, Albin, mi spieghi come facevi tu a saperlo?"

"Merito di Lulu."

"Chi?" gridò Giulio.

Così, Lulu aveva avuto buono spirito di osservazione. Bouvard non c'entrava con l'omicidio. Le indagini dovevano ripartire da zero.

"Chi?" gridò Giulio.

Solo che io non cominciavo da zero. Dei due indizi, Bouvard e *El naso doble*, me ne restava ancora uno.

"Non ho capito! Chi?" gridò Giulio.

Mi sarebbe bastato. Tutto stava succedendo molto velocemente. Sapevo che, dopo il passo falso di quella mattina, Javert doveva essere rabbioso. Non ero sicuro che avesse già scoperto il collegamento strettissimo tra il fusto di Tempranillo e il locale di flamenco. Con informatori come Giulio, potevo ancora batterlo sul tempo. Non è da tutti.

"Albin! Per l'amor di dio! Vuoi ripetere?" gridò Giulio.

Riattaccai. Non lo sopporto quando parla a voce alta.

Sentendo quel nome per la prima volta, *El naso doble*, mi ero subito persuaso che la risposta al mistero si trovasse proprio in rue du Chemin Vert. Dopo le ultime informazioni e il rilascio di Bouvard, la certezza divenne granitica. Anzi, quella salma in cantina era l'alibi migliore del mondo per Bouvard, ed escludeva perfino che avesse incaricato un complice dell'omicidio mentre lui stava a mollo in India o giù di lì. Come ho detto, nessuno può essere tanto stupido da usare come loculo il proprio seminterrato. Ma mi interessava sapere chi altri avesse disponibilità di quelle botti spagnole.

Il caso era a un passo dalla soluzione. C'era solo da scoprire chi fosse l'assassino, quale fosse il movente e trovare le prove, ma avrei pensato a questo più tardi.

Andai a pranzo in un ristorante vegetariano nel quartiere latino e passai gran parte del pomeriggio a riordinare le fotografie della moglie di Gavroche. Quando sono sotto pressione, occuparmi di cose frivole mi rilassa. La signora si era incontrata con quel tale per più di una settimana, sempre nello stesso hôtel. Avevo immagini scattate da ogni angolazione, non so se mi spiego. Non che mi diverta a rovinare un così bell'idillio, ma ero a corto di banane. Le trecento anticipate le avevo già spese per saldare certi piccoli debitucci; con le rimanenti seicento avrei pagato almeno una rata delle otto che dovevo al padrone di casa.

Salvai le fotografie in formato compresso e le inviai al cornuto.

Verso l'imbrunire mi sbarbai e mi vestii con ricercata eleganza. Non è da tutti. Presi la metro per l'11° arrondissement.

L'insegna lampeggiava con luci al neon che fendevano a tratti la nuvola maligna. *El naso doble* era scritto in rosso e, più sotto, in giallo: *Cocina y Flamenco*. Rue du Chemin Vert con le sue mercerie cinesi affogava tra la nuvola e i miasmi pestiferi dei tombini rotti. Maledetto sindaco. Senza indugio entrai, toccandomi istintivamente il rigonfiamento prodotto dalla Beretta.

Una graziosa mora vestita in modo strano mi fece accomodare. Scelsi un piccolo tavolo vicino all'uscita, dal quale si potesse avere una visuale completa. Mi guardai intorno. Non che ce ne fosse bisogno: un segugio che entra in un locale sconosciuto lo fotografa con la prima occhiata. Avevo già notato il grande palco rialzato al centro del locale, e le pareti tappezzate di manifesti a colori vivaci.

Su alcuni c'erano scene di corrida. Non repressi una smorfia di disgusto. Un vero uomo non tortura gli animali ma li difende, non so se mi spiego.

Molti manifesti ritraevano invece danzatori di flamenco, con o senza nacchere. Uno in particolare attirò la mia attenzione. Era la fotografia di una specie di tappo vestito da damerino spagnolo o che so io, con tacchi molto alti, in posa affettata da ballerino. Il nome sotto la foto recitava: *Joachìm Talòn*. Mai sentito. Mi conoscete. Non sono il tipo da frequentare esperti di flamenco. Eppure, quel viso non mi era nuovo. Non dimentico una faccia.

Quasi metà dei tavoli erano già occupati, soprattutto da coppiette. Luci soffuse, atmosfera calda. Ci avrei portato Sophie un giorno. Forse.

La mora si avvicinò con un notes.

"Il signore deve cenare?"

"Anche. Saresti così gentile, mia cara, da portarmi dei germogli di soia?"

"Il signore preferisce il menu di carne o di pesce?"

"Insieme ai germogli, gradirei del vino: del Tempranillo."

"Abbiamo anche un'ottima paella alla valenciana."

"Non che io beva vino abitualmente. Sono più un tipo da cognac, o al massimo da acquavite."

"Ah, ma se il signore desidera la grigliata, è venuto nel posto giusto!"

"Non con la pizza, naturalmente. In quel caso bevo dell'ottima birra italiana."

"Il signore desidera cominciare con delle tapas, prima della paella?"

"Dimmi una cosa, cara. Avvicinati. Ecco, volevo chiederti: saresti così gentile da chiamarmi il signor Bouvard? So che è il padrone di questa baracca. Sai, eravamo insieme nella Legione. Quel vecchio rottame! E adesso ha aperto un ristorante! Chi l'avrebbe mai detto? Insomma, c'è?" Funziona sempre. Funzionò.

"Il signor Bouvard? No, signore, mi spiace ma stasera non c'è."

"Lo sospettavo."

"Se il signore desidera, posso lasciare un messaggio per quando lo vedo. Oppure il signore può parlare con l'altra proprietaria, la socia di Monsieur Bouvard. Eccola laggiù, vicino alla cassa."

Ci sono momenti nella vita professionale di un segugio in cui, quasi casualmente, piove dal cielo un tassello piccolo, piccolissimo. Ma grazie a questa minuscola tessera il mosaico si compone, acquista senso, assomiglia ad una storia vera. La presenza di un socio di Bouvard, seppure in gonnella, dava una risposta alle mie tante domande. Se questa risposta fosse esatta, solo il tempo avrebbe potuto dirlo. Mi riscossi dai miei pensieri quando la ganza mi disse: "Il signore, se posso dirlo, sta scivolando sotto il tavolo!"

Scivolare, io? Non mi conosceva. Ad ogni modo, mi tirai su. "E come si chiama questa socia, tesoro?"

"Madame Pécuchet, signore. Devo chiamarla?"

"No, bellezza, non disturbarla. Andrò a presentarmi io stesso più tardi."

Ma la mora non voleva saperne di lasciarmi. Come si potrebbe biasimarla? Mi parlò di tapas e di grigliate, di paelle o che so io. Mi scongiurò di permetterle di servirmi il gazpatcho prima della sangria. Alla fine, non senza fatica, riuscii a mandarla via con la promessa di portarmi al più presto il mio Tempranillo.

Nel frattempo, lo spettacolo di flamenco era cominciato. Due gemelle niente male vestite di pizzi rossi agitavano sul palco le loro enormi nacchere.

Io non riuscivo a non guardare la Pécuchet, tra un sorso di Tempranillo e l'altro. Stazionava vicino alla cassa e talvolta spariva in cucina. Sapevo di essere molto vicino alla soluzione del mistero: intanto, avevo avuto la conferma dell'informazione di Giulio circa il Tempranillo. E il mio intuito mi diceva che quella Pécuchet sapeva molte cose riguardo un fusto dimenticato in una cantina. Certo, qualunque dipendente del ristorante poteva averlo preso e utilizzato come cassa da morto, forse perfino la mora che mi aveva servito il vino. Ma, escludendo lo stesso Bouvard, chi poteva avere la chiave della cantina di rue Moufle, se non una persona a lui molto vicina, come la sua socia? Lo so, la mia teoria faceva acqua, ma intendevo seguirla per due buone ragioni. La prima: il mio intuito da segugio del quartiere latino è infallibile. La seconda: non avevo tempo per imboccare la pista sbagliata. Da un momento all'altro il buon Javert poteva venire a chiedermi cosa diavolo ci facessi, tutto solo, a *El naso doble*.

Dopo sei o sette numeri di danza, il locale cominciava a svuotarsi. Era essenziale che io riuscissi a dare un'occhiata in giro, ma come? Mi venne un'idea.

Mi viene sempre, un'idea.

Chiamai la mora e domandai il conto. "Ma…" disse, "il signore non ha toccato nulla!"

Solo allora mi accorsi con raccapriccio che il mio tavolo era sommerso da piatti fondi, padelle, ciotole di coccio, bicchieri di almeno otto tipi diversi, piatti da portata, vassoi e da altri contenitori che non saprei descrivere. Preso com'ero dai miei pensieri e dal Tempranillo, non me n'ero accorto.

"Il signore non ha nemmeno assaggiato il *combinado*, la *paella de pescado*, e neppure il *boccadillo*!"

"Sarà per un'altra volta, bellezza," le risposi. Come potevo spiegarle che non andavo più in là di una scodella di germogli di soia o di una pizza italiana al pomodoro?

Dopo aver pagato il conto, che mi parve un vero omicidio, aspettai. L'occasione buona arrivò poco dopo quando una coppia, uscendo, si fermò vicino alla cassa a conversare con la Pécuchet. La moretta si era appena infilata in cucina e nessuno guardava dalla mia parte.

Era il momento giusto.

Come un felino scattai verso il palco, mi appiattii al suolo e mi ci infilai sotto. Ma non avevo calcolato che, per effetto dell'intelaiatura metallica, quando ci si infila orizzontali sotto un palco di flamenco bisogna sempre abbassare molto la testa. Non mi preoccupai per il clangore. Tutti l'avrebbero scambiato per un rumore di stoviglie o, nella peggiore delle ipotesi, per il suono di un gong. Quanto a me, ci vuole ben altro. Mi conoscete.

Passai sotto quel palco un tempo che mi parve interminabile. Finalmente udii affievolirsi i rumori e le voci. Le luci si spensero. Era quasi l'una di notte.

Sbirciai. Potevo scorgere la Pécuchet china sulla cassa. Un tizio, forse il cuoco, uscì dalla cucina terminando di sfilarsi il grembiule, salutò la titolare e se ne andò. Mi misi in ascolto. Non un suono si udiva all'interno del locale, fatta eccezione per il fruscio delle banconote: la Pécuchet non se la passava male. Con prezzi come quelli, non c'era da meravigliarsi. La ganza si ficcò in tasca il malloppo e uscì dal mio campo visivo.

Con la stessa grazia con la quale mi ero insinuato sotto il palco, ne sgattaiolai fuori e raggiunsi la cucina. Come prevedevo, era deserta. Ebbi un sussulto allorché scorsi, in fondo, un grande oggetto vicino all'entrata di servizio.

Santo cielo! Era un fusto uguale a quello di rue Moufle. Nella parte bassa era stampigliato un marchio con inchiostro violetto. Non avevo bisogno di leggere per sapere che diceva:

Tempranillo - Ramón Gilgado - 2005

Per un istante mi ritornò alla mente la faccia del disgraziato con i capelli a scopettone. Fu solo il volgere d'un attimo, subito mi ripresi. Conoscete Albin Baguette.

Lo scoperchiai. Era vuoto, pulito come le mie tasche.

Ritornai alla porta e origliai. La Pécuchet si era messa a fischiettare *Besame mucho*. Non potevo perquisire il locale finché la dama stazionava all'interno. Non appena se ne fosse andata avrei ficcato un po' il naso e qualcosa avrei trovato, non so se mi spiego. Ma la ganza, maledizione, non voleva saperne di togliersi dai piedi. Anzi, *Besame mucho* si avvicinava pericolosamente.

Compresi che la Pécuchet stava venendo proprio in cucina. Probabilmente voleva spegnere le luci prima di andarsene. Dove potevo nascondermi? Mi guardai intorno. Nel congelatore non era il caso. Non amo i climi troppo rigidi e non avevo l'abbigliamento adatto. Dietro i fornelli poteva essere il luogo ideale, ma non c'era tempo di spostarli. Gli sguardi mi si fermarono sul fusto di Tempranillo. Bando alle ciance. Se si era degnato perfino un damerino spagnolo, non era il caso di fare tante storie. Scoperchiai il fusto, posai il piede su una cassa di acqua minerale e in un salto fui dentro. Non è che ci si stesse larghi. Rimisi il coperchio al suo posto e nel mio nascondiglio calò il buio. Col mento posato sulle ginocchia, provai a tendere l'orecchio. La Pécuchet entrò in cucina, si mise ad armeggiare vicino ai fornelli. Il frigorifero si aprì e si richiuse; infine potei udire il click dell'interruttore. Tra pochi secondi sarebbe uscita e avrei potuto tirare fiato.

Ma il cellulare squillò. Era Sophie.

Albin, tesoro! Ti disturbo?

Riattaccai e restai immobile. La Pécuchet cacciò un gridolino e non si mosse, né fece un fiato, per parecchi secondi. Forse un minuto intero.

"Ma chi c'è?" esalò con un filo di voce. La udii riaccendere la luce e tornare lentamente sui suoi passi. "Chi c'è?" disse a voce alta.

Dovevo elaborare una strategia d'uscita. Una lama di luce filtrava tra le assi del mio rifugio. Istintivamente ci appoggiai l'occhio. Non è che si vedesse molto. Diciamo, una parte della Pécuchet, tra le ginocchia e il collo. Se questa fosse la parte migliore, non la conoscevo abbastanza per dirlo. Ma di certo per me, in quel momento, era la parte più interessante. La mano della ganza frugò febbrilmente nella borsetta e ne emerse con una sputafuoco di piccolo calibro. Il gioco si faceva pesante. Potevo sfoderare anche la mia, ma la cosa sarebbe finita male. Mi conoscete. Ho una mira troppo buona per sbagliare un tale bersaglio da brevissima distanza. E la titolare di un ristorante spagnolo non è esattamente il mio bersaglio preferito. Oppure, non mi restava che uscire con le mani alzate. Ma come potevo prevedere la sua reazione? Avrebbe potuto farmi secco impunemente e nessuno l'avrebbe biasimata. Mi aveva trovato clandestino nella sua cucina, non so se mi spiego. La legge era dalla sua parte.

Mai cervello di seguio del quartiere latino frullò più velocemente del mio, dentro a quel fusto di Tempranillo nella cucina de *El naso doble*.

Tutta la giornata precedente mi passò davanti alle pupille come al cinema, ma a velocità forsennata. Il pedinamento della signora Gavroche mi turbinò come portato da un uragano e si tirò dietro la telefonata di Sophie, la soffiata di Lulu, il suo campanello. E ancora l'uragano del ricordo, rapidissimo, mi fece balenare la discesa nelle cantine, la faccia del morto, la mia reazione composta e professionale. Ma non ebbi tempo di riflettere che: vuum! Ecco passare la rosticceria, il lungofiume, le foto dell'hôtel Le Marais. Io che mi vestivo con ricercata eleganza, la metro, rue du Chemin Vert. Vuum! L'insegna *El naso doble*. La moretta spagnola e le sue tapas o che so io. Vuum! La Pécuchet.

Un momento, mancava qualcosa. Riavvolsi il nastro. Dopo l'entrata nel locale cosa avevo visto? I manifesti dei ballerini di flamenco! Uno aveva attirato la mia attenzione. Chi era? Aprii di nuovo mentalmente il fusto di rue Moufle. Guardai il manifesto nei miei ricordi. Fusto di rue Moufle. Manifesto. Ma certo: il morto e il ballerino erano la stessa persona! Tombola. Com'è che si chiamava? Joachìm qualcosa.

Allora, compresi tutto. Insomma, quasi tutto. Ma abbastanza per sapere, senza ombra di dubbio, che solo la Pécuchet poteva avere ammazzato il damerino impomatato, e l'aveva nascosto in un fusto dopo l'orario di chiusura. Vista la statura del ballerino l'impresa non era certo impossibile. Poi, probabilmente aiutandosi con un comune carrello, l'aveva depositato nella cantina di Bouvard. Distava solo poche decine di metri. Forse il suo socio, prima di andare in vacanza, le aveva perfino dato le chiavi di casa (io lo faccio sempre, con la signora Corbusier del terzo piano). L'assassina avrebbe recuperato il fardello la notte seguente e l'avrebbe fatto sparire. Ma le continue retate della polizia in rue Moufle l'avevano costretta ad aspettare. Finché in quella cantina non era arrivato Albin Baguette.

Forse non ci crederete, ma tutti questi pensieri non durarono che pochi istanti. E quando il quadro mi fu limpido la Pécuchet, sputafuoco in pugno, mosse il primo passo verso il fusto di Tempranillo.

Mi sforzai di modulare le corde vocali su una voce spettrale, con accento spagnolo.

"Pécuchet!" dissi. E la mia voce fu così cavernosa, strascicata e roca che a me stesso si rizzarono i peli. Non è da tutti.

"Ma... Chi... Chi c'è?" gridò ancora la ganza puntando la sputafuoco contro il fusto. "Sono armata! Vieni fuori! Chi c'è?"

La bambola era coraggiosa, devo ammetterlo. Un'altra se la sarebbe data a gambe. Forse era per effetto della sputafuoco. Se avesse premuto il grilletto in quel momento, Parigi avrebbe perduto il suo migliore segugio, non so se mi spiego. Mi stavo giocando il tutto per tutto. E quando dico *tutto* intendo sempre la pelle.

Lentamente, molto lentamente, insinuai la mano sinistra fuori del fusto, fino ad afferrare il bordo dell'imboccatura. "Pécuchet!" dissi ancora, stavolta più forte. E cominciai con l'altra mano a sollevare il coperchio, un centimetro alla volta.

"Ma..." pigolò la ganza, e la vidi barcollare, l'affanno nel respiro. "Ma... Joachìm! Cosa... No! No!"

"Olè!" gridai, gettando via il coperchio ed esplodendo in piedi per tutta la mia statura.

Per un breve attimo il suo sguardo mi uncinò. Poi la povera Pécuchet roteò intorno gli occhi, mormorò ancora "No" e stramazzò al suolo.

Quando voglio so essere melodrammatico. Con la sua spietata insensibilità di assassina, e nonostante la sputafuoco, era caduta in un trucco da bambini, del quale forse avrebbe riso perfino Sophie. Ma credo che vivesse in uno stato di febbrile tensione dalla notte dell'omicidio; un piccolo tocco era bastato per spezzare i suoi fragili nervi.

So che può sembrare strano a chi non mi conosca, ma il mio primo pensiero fu di sorreggerla. Sono il miglior gentiluomo che io abbia mai conosciuto. Così, non appena la vidi svenire, mi slanciai in avanti. E l'avrei presa tra le mie possenti braccia se non fosse stato per il fusto di Tempranillo. Ero rimasto accovacciato per troppo tempo e i muscoli mi si erano indolenziti. Lo slancio ci fu, ma solo del busto; i piedi restarono indietro. Non è da tutti infilarsi di testa sotto un forno di ristorante per una questione di galanteria. Sputai un dente e maledissi le gambe d'acciaio delle cucine professionali. Pazienza. Avrei raccolto la Pécuchet in un secondo momento.

Il telefono squillò. Era Giulio.

"Albin!"

"Non gridare, maledizione."

"Albin, dove sei?"

"In cucina."

"Ci sono grandi novità, amico mio!"

"Lo so," dissi. Posai il cellulare sul pavimento, recuperai la sputafuoco della Pécuchet e la feci mia. La sputafuoco, dico.

"Grandi novità," stava gridando Giulio dal cellulare. "Mio cugino Franco dice che Javert ha scoperto l'identità della vittima!"

"Era ora."

"Già, si tratta di un ballerino di flamenco, un certo…"

"Joachìm."

"…Talòn. Javert ha trovato un diario a casa di costui. E nel diario è scritto che *El naso doble* era il centro nevralgico di un brutto giro di cocaina spagnola. Ma Bouvard non ne sapeva niente. Ha una socia, una certa Pécuchet: è lei la regista di questo traffico. Talòn l'aveva scoperto e le aveva annunciato che se ne sarebbe andato. Ma lei non poteva permettersi il rischio che Talòn tornasse in Spagna e si mettesse a cantare come un uccellino. Per questo lo minacciava di morte se non fosse stato buono. Il diario si interrompe sei giorni fa. Il ballerino aveva deciso di affrontare la Pécuchet. Probabilmente per questo è stato ucciso!"

"Sì, ma non gridare," dissi. La ganza era ancora svenuta.

"Resta da scoprire," gridò Giulio, "come abbia fatto a trasportarlo, e molti altri dettagli. Ma credo che Javert conoscerà i particolari molto presto. Sta andando a prenderla."

"Chi, la Pécuchet? Dove?"

"Certo! Al 'Naso doble'! E a tutta velocità! Quattro auto sono partite poco fa a sirene spiegate."

"Maledizione."

"Speriamo solo che la Pécuchet si trovi là."

"Già, speriamo," dissi, e riattaccai.

La porta sul retro non era chiusa a chiave. Mi affacciai sulla notte di Parigi. Ormai non era più possibile distinguere i miasmi delle fogne dalla nuvola maligna. Attraverso il vapore mi arrivava il barrito delle sirene. Mi parve di vederlo, Javert: torvo e rabbioso. Tra poco avrebbe trovato la sua preda e forse si sarebbe rasserenato. Ma non avrebbe trovato me, non so se mi spiego. Non ci tenevo a passare il resto della notte in Gendarmerie, e non smaniavo dalla voglia di spiegargli come avessi risolto il caso. Che facesse lui uno sforzo di fantasia. Soprattutto quando la Pécuchet gli avesse raccontato la scena della resurrezione dal fusto di Tempranillo.

Gettai uno sguardo all'interno. La Pécuchet bisbigliava qualcosa e cominciava a muoversi. Le sirene erano molto vicine. Mi incamminai a passo spedito e dopo pochi istanti *El naso doble* scomparve nella foschia.

La mattina dopo avevo le ossa peste e la testa mi doleva. Maledetti palchi di flamenco. Ero nel dormiveglia che segue il sonno. Non dormivo più ma non ero ancora sveglio, non so se mi spiego. Doveva essere l'alba. Dalla finestra non filtrava che una luce livida e fioca. Avrei fatto volentieri a meno di alzarmi, ma il cellulare squillava e squillava.

"Chi diavolo è?"

"Signor Baguette."

"Non è possibile. Baguette sono io."

"Signor Baguette, qui parla Gavroche."

"E che volete a quest'ora?"

"Be', ho ricevuto le vostre fotografie."

"Bene. Ma che ore sono?"

"Mezzogiorno e venti."

Guardai la finestra. Avrei fatto bene a pulire quei vetri.

"Signor Baguette," proseguì lo scocciatore, "vorrei farvi notare che in quelle foto non c'è nulla!"

"Un momento, amico mio, non facciamo scherzi. Se non volete pagare, guardate che io…"

"No, no! Non è questo, signor Baguette. Anzi, vi ho fatto il bonifico questa mattina stessa. Avete lavorato, dopotutto."

"Vorrei ben vedere. Allora, che altro c'è?"

"Volevo avere da voi la conferma che non ci fossero altre fotografie. Non avete scordato di mandarmene qualcuna, no?"

"Non mi pare proprio."

"Ah, benissimo! Benissimo! Mi fa piacere sentirvelo dire. Così, posso dimenticare questa brutta storia per sempre. Ah, che sollievo, signore."

"Ma che diavolo state dicendo? Sollievo? Ma se vostra moglie…"

"Non ha fatto proprio niente di male! Lo stupido ero io, che non mi fidavo! Ah, ma le ho fatto le mie scuse, sapete?"

"Ma, dico! Siete cieco, o cosa? Non avete visto che per tutta la settimana è andata in quell'hôtel…"

"E con ciò? Voi l'avete vista entrare in un hôtel…"

"…con un uomo!"

"Signor Baguette, che diamine. Voi non siete mai entrato in un hôtel?"

"Con un uomo, no."

"In un hôtel si possono fare molte cose!"

"A me, lo dite?"

"Si può cenare, bere un drink, conversare nella hall…"

"Signor Gavroche."

"…usare la connessione internet, giocare a scacchi…"

"Signor Gavroche."

"…assistere a un convegno scientifico, leggere gratis il giornale…"

"Signor Gavroche!"

"…fare domanda di assunzione, partecipare ai numerosi karaoke…"

La linea cadde.

Già che ero alzato, mi trascinai in cucina e ingurgitai qualcosa, forse una banana o un carciofo. Mi vestii e mi avviai a piedi verso l'ufficio. Acquistai Le Figaro e me lo cacciai in tasca, l'avrei letto con calma più tardi, in attesa del prossimo cliente. Non che avessi bisogno di leggere un articolo per sapere come era andata la sera prima. Il commissario Javert aveva sgominato un losco traffico di stupefacenti e arrestato un'assassina. Ecco, com'era andata.

Mentre percorrevo il B.rd Saint Michel, ebbi la sensazione di incrociare due occhi conosciuti. Fu solo un istante, nella folla. Dove avevo già visto quei due occhi di donna? Forse… No. Non poteva essere la Pécuchet. L'avevo lasciata sul pavimento di una cucina, meno viva che morta, e la polizia era vicinissima. Non poteva essere riuscita a scappare. Possibile che avesse approfittato del varco, così sottile, tra me e Javert, per sparire? Improvvisamente, il giornale mi pesava nella tasca. Lo lasciai, vergine com'era, su una panchina. Non ero sicuro di volere aprire la pagina della cronaca di Parigi. C'era il rischio di non trovare l'articolo sull'omicidio di rue Moufle: perché non c'era alcun assassino, o se c'era stato era volato via. Feci come ogni giorno le scale fino al mio ufficio del quarto piano, ma prima avevo chiuso bene il portone dietro di me.

Il mistero dell'anello

Le foglie secche di tutti i platani di Parigi turbinavano intorno ai miei calcagni lungo i marciapiedi di Saint Sulpice. Stavo tornando dall'Henry's dopo un pieno di liquidi: mi conoscete. Non mi dispiacciono le notti di novembre, con molto vento e l'aria pungente sopra i muraglioni della Senna. Sono gli unici momenti in cui la nuvola maligna si dirada un po', spazzata e dispersa fuori dalla città, verso le campagne.

Non che io sia un tipo da campagna. Mi ci vedete, giocare a briscola col parroco all'osteria del paese? Preferisco buttare giù una mezza dozzina di cognac in qualche locale chic. Come l'Henry's, per esempio, o la rosticceria del signor Hong.

Camminavo tra il lungofiume e il Quai deserto cercando di mantenere una traiettoria elegante. Ero tutt'altro che sbronzo; ci vogliono ben più di sei cognac, per Albin Baguette. Ma l'ondeggiare dei lampioni mi fece pentire di non aver preso la metro.

Alla mia sinistra il muraglione nascondeva il fiume nero; alla destra i lampioni segnavano il confine tra la notte di Parigi e il mio mestiere di segugio. In mezzo, un fiume di foglie secche scorreva sul marciapiede e mi roteava intorno alla testa secondo le bizzarrie del vento d'autunno.

A un certo punto vidi quella sagoma. Dapprima non la riconobbi come sagoma umana. Me ne intendo. Più che una donna in piedi accanto al muraglione, pareva che il muraglione stesso avesse fatto crescere una propaggine grigia e verticale. Sì, non so se mi spiego. Pareva che fosse cresciuta, quella macchia scura, dalla pietra bagnata, come da pianta lungo un fiume cresce un ramo verso l'alto, fuori dalla massa verde.

Mi avvicinai. Dava le spalle al camminamento e a me. Magrissima, un impermeabile le dava l'aria di uno strano bozzolo d'insetto. Aveva lunghi capelli dei quali non mi riuscì d'indovinare il colore. Giudicai che fosse giovane. I suoi sguardi erano certamente persi nella Senna. Mi domandai che cosa cercasse laggiù. Fu un pensiero stupido, lo so. Avrebbe con identica ragione potuto chiedermi cosa cercassi io nel cognac e perché la stessi fissando. Così, le passai accanto e proseguii il mio faticoso nuoto nelle foglie di platano.

Stavo già dimenticando la strana visione, quando essa mi chiamò alle spalle.

"Monsieur Baguette," disse.

Santo cielo. Non riuscirò mai a rendere il tono e la consistenza di quella voce. Con tutta l'abilità di un uomo come me, come si può descrivere il suono dell'acqua che scivola sul ferro di un ponte? Perché così era quella voce: acqua nera sotto un ponte di Parigi. Mi fermai con il tallone a mezz'aria. Poi, come se dovessi toccarmi il cuore, posai la mano sulla Beretta. Non che avessi paura di una donna. Paura, io! Ma la prudenza non è mai troppa, specialmente di notte, specialmente in novembre. Alla fine, lentamente, mi voltai.

La strana sagoma mosse due passi verso me. Ora, alla luce dei lampioni, la guardai. Non mi ero ingannato sull'età: non poteva avere più di trent'anni. Le riconobbi una certa sua singolare bellezza, nonostante la magrezza e l'estremo pallore. Un tipo di bellezza che lascio volentieri ad altri: preferisco le ganze solari; questa pareva una falce di luna con volto di donna.

"Sì," le dissi.

"Siete il signor Baguette?"

"In persona. Ho l'onore di conoscervi?"

"No, ma io conosco voi. Scusate se vi ho spaventato."

"State scherzando," dissi. Raccolsi da terra il cappello e mi avvicinai.

"Sono venuta a cercarvi all'Henry's, un'ora fa, e ho chiesto di voi. Ma eravate sdraiato sul pavimento, non ho voluto disturbarvi. Così ho pensato di aspettarvi qui. Il barista mi ha detto che avreste fatto questa strada."

"Senti, senti," le risposi. Non mi piaceva quella ganza. Sapeva troppe cose del sottoscritto. E non amo essere spiato. "Sembra che siate molto interessata a me. Cosa posso fare per voi, signorina… Signorina?"

"Mi chiamo Élizabeth Coruche. Ho bisogno di voi per trovare una persona."

"Una persona, eh?" Provai a mettere a fuoco il suo viso, ma oscillava a destra e a sinistra. Probabilmente la ragazza era sbronza. Me ne intendo.

"Perché non venite a trovarmi in ufficio domattina, Mademoiselle? Staremo molto più comodi. È troppo umido, qui, per non parlare del freddo.

"Va bene, signore," mi rispose con quel suo suono di acqua sotto i ponti. "Il vostro indirizzo?"

"Il mio studio si trova nel quartiere latino. Rue Tournefort 26, al quarto piano. Lo troverete facilmente: non faccio per vantarmi ma è molto vicino al Panthéon."

Mentre parlavo, la nuvola maligna aveva cominciato a scendere veloce verso il marciapiede. In pochi istanti i lampioni diventarono macchie gialle di luce opalescente. Il muraglione disparve inghiottito dalla nebbia mentre le foglie continuavano a crepitare, quasi invisibili, contro i miei calzoni. La strana cliente non mi diede risposta. Indietreggiò di due passi, si voltò tuffandosi nella foschia e sparì.

Non potevo rimanere lì imbambolato con la mascella penzoloni. Qualcuno avrebbe potuto vedermi, e sai che bella figura. Le gridai: "Non venite prima delle dieci!" poi mi scossi e rincasai tra i lampioni che ondeggiavano nella nebbia scura.

Il mattino dopo avevo le ossa in disordine. Maledetta nuvola. Mi sbarbai e raggiunsi il mio ufficio. L'incontro della sera prima mi aveva lasciato una vaga curiosità.

La ganza suonò mentre stavo versandomi tre dita d'acquavite. Nulla di meglio dell'acquavite per rimettere in ordine le ossa. Lasciai socchiusa la porta del vestibolo e mi accomodai alla scrivania. Non che ce ne fosse bisogno: la serratura era rotta da tempo. Ma un vero gentleman lascia sempre socchiusa la porta a una signora.

Entrò nel vestibolo dicendo: "Baguette?"

"Venite, accomodatevi," le dissi dall'ufficio.

La guardai alla luce del giorno. Santo cielo! Era la donna più pallida che avessi mai visto. Non credo che sotto quella pelle scorresse sangue. Se scorreva, era di colore bianco. Portava sempre quel suo lungo impermeabile.

Ci guardammo. "Allora, signorina Coruche…"

"Vi siete ricordato il mio nome."

"Ma certo! Non dimentico mai un nome, io. Mi chiamano 'il Pico della Mirandola del quartiere latino'. Prima di cominciare: sono cento al giorno di cui trecento anticipati. Sapete, per le spese."

"Sì, mi avevano detto anche questo," rispose allungando una mano rinsecchita. "Eccovi i trecento."

"Ah. Capisco," dissi senza tradire emozioni. Ma i miei sensi allenati da segugio si misero all'erta. Di solito un cliente non è così bene informato sulle mie abitudini e sulle mie tariffe. Prima l'Henry's, adesso le trecento banane. Poteva trattarsi solo di una persona meticolosa, ma la sua precisione mi rendeva diffidente.

"Signor Baguette, non restate con il bicchiere a mezz'aria. Ho detto qualcosa che non va?"

"Figuriamoci. Allora, questa persona da cercare: uomo o donna?"

"Uomo. Il suo nome è Dimitrie Dragan."

"Russo?"

"Rumeno. Dimostra circa quarant'anni. Non posso dirvi molto di più."

"Sentite, Amélie…"

"Élizabeth."

"Appunto: Élizabeth. Voi capirete che mi serve molto più di questo per cercare il vostro uomo. Certo, il suo non è un nome comune. Potrei cominciare dagli alberghi…"

"Oh, lasciate perdere gli alberghi, signor Baguette, avrei potuto farlo benissimo io senza scomodarvi. Ma il mio amico cambia spesso identità. Sarebbe inutile."

"Cambia identità, eh?" Mi allungai sulla poltrona e buttai giù l'acquavite. Non potevo tenere il bicchiere a mezz'aria tutta la mattina. Guardai fuori della finestra, verso il Trocadéro. Il panorama era grigio, solcato da strani uccelli neri, fermi nel cielo. Guardai meglio. Avrei fatto bene a pulire quei dannati vetri. Questo incarico non smetteva di farmi nascere sospetti. Intanto, il modo singolare che questa donna pallida aveva scelto per incontrarmi. Poi la sua voce, unita al suo volto, entrambi così mortiferi. Le domandai una fotografia del suo uomo scomparso, ma non l'aveva; così le chiesi di descrivermelo. A suo dire, per quanto mi paresse impossibile, il tizio era più pallido ancora della mia cliente, con la pelle tirata sugli zigomi. Era completamente glabro, non dico solo sulla zucca; era anche privo di sopracciglia. Indossava sempre certi spolverini neri dal bavero rialzato. Mi disse che non l'avrei mai trovato a spasso per Parigi di giorno; si trattava di un nottambulo impunito. Non c'era da stare allegri. Pareva la caricatura di qualche mostro di un film in bianco e nero. Se questa ganza lo stava cercando, non era certo per il suo amabile aspetto.

"Élizabeth: M.lle Coruche, toglietemi una curiosità. Oh, non preoccupatevi, io non chiedo mai ai miei clienti più di quanto non siano disposti a dirmi. Non voglio sapere perché state cercando quest'uomo, per quanto la cosa sia incomprensibile: non sono affari miei. Ma, dico, per quale motivo non l'avete rintracciato al cellulare? Sapete molte cose di lui, possibile che non ne conosciate il numero?"

"Signor Baguette, lui non possiede un telefono cellulare. È molto all'antica, per queste cose."

"Signorina, sarò sincero: non sarà facile scovare il vostro uomo a Parigi, sempre che si trovi in città. Capite, senza una fotografia, senza un'identità precisa, è come cercare un filo di paglia in un pagliaio."

Mi disse che contava su di me e che, se io l'avessi delusa, si sarebbe trovata in una situazione di estremo pericolo. La fissai. C'erano molte cose che non mi aveva rivelato.

"Di pericolo, eh, signorina? Questo accresce il mio bisogno di avere più informazioni. Con il poco che mi avete detto, non posso assumermi questa responsabilità."

Dovette rendersi conto allora che non poteva tenere testa a un professionista. Compresi dal suo sguardo che la sua reticenza stava per evaporare come acqua su un caldo tombino di Parigi, non so se mi spiego. Mi avrebbe detto molto di più.

"Non vi dirò nulla di più, signor Baguette," mi disse decisa, alzandosi. A volte i tombini di Parigi sono gelidi. "Perché, se io vi rivelassi tutto quel che so sull'uomo che cerco, voi non accettereste l'incarico. Anzi, correreste a nascondervi, signore."

"Piano, piano," la interruppi severo e mi versai un'altra razione di acquavite. "Non so perché accetto di aiutarvi, signorina Coruche. Ma troverò il vostro amico rumeno con o senza informazioni, o non sono il miglior segugio del quartiere latino. Ditemi come posso contattarvi se avrò notizie."

Aprì la porta del vestibolo e mi allungò un bigliettino. "Ecco il mio numero, Monsieur Baguette. Alloggio all'Hôtel Berkeley a Montparnasse. Chiamatemi pure a qualsiasi ora."

Fece due passi e si fermò. "Ah, dimenticavo," disse frugando in una tasca dell'impermeabile, che non si era mai tolto. "Questo libro potrà esservi d'aiuto. Il protagonista assomiglia in modo impressionante a Dimitrie. Non potrei descriverne meglio l'aspetto e il carattere. Arrivederci, signore."

Nel pianerottolo non c'erano nubi maligne in cui sparire. Seguii con lo sguardo quel bozzolo d'insetto scivolare giù per le scale e la immaginai uscire dal portone con sollievo, felice di tuffarsi nella nebbia del quartiere latino. Rivoltai l'oggetto che avevo tra le mani, rilegato nel cartoncino di un'edizione economica, ne lessi istintivamente l'autore e il titolo:

Bram Stoker
Dracula

Perché accetto questi incarichi? Me lo sarò domandato almeno cento volte. Me lo domandai anche in quel momento. Naturalmente conoscevo già la risposta: era posata sulla mia scrivania sotto forma di trecento banane. Col mestiere che faccio, mi è capitato ogni genere di svitato o che so io. Paranoici, malavitosi, maniaci, depressi, delinquenti seriali, una volta un avvocato.

Mi chiusi nel mio ufficio a riflettere ed esaminai tutte le possibilità. La singolare ganza poteva essere solo un po' sciroccata, ma le cose non sono mai così semplici. Poteva essere coinvolta in una specie di gioco di ruolo con il suo drudo; in tal caso io ero solo uno strumento per il loro sollazzo. C'è gente che nell'intimità si maschera da Superman, perché non Dracula? Me li immaginai: facciamo un gioco, tu ti travesti da vampiro e io ti faccio cercare da…

Ma era possibile?

La terza ipotesi mi pareva più sensata: il rumeno aveva truffato la mia cliente, probabilmente in qualche affare poco legale. Ecco perché, invece di rivolgersi agli sbirri, era venuta dal più famoso segugio del quartiere latino. Stando così le cose, mi ero ficcato in un guaio. Una volta che avessi ritrovato il latitante avrei dovuto guardarmi le spalle. Nel mio famoso caso del ragazzo scomparso mi ero salvato da una simile trappola per miracolo. Non è da tutti chiamare miracolo il proprio intuito infallibile.

Era ormai mezzogiorno, infilai il libro in una tasca della giacca e scesi al lungofiume dal signor Hong.

Sulle rive della Senna, che affogavano nella foschia, alcuni barconi dall'aria desolata si erano riempiti di foglie secche; uno strato di foglie rosse e gialle copriva i camminamenti e le scalinate di pietra. Sulla chiatta di Hong ce n'era una vera montagna. Mi feci largo tra le foglie ed entrai, portandone con me attaccate ai calzoni un discreto numero.

Il signor Hong non ha bisogno di chiedere; non appena vede la mia faccia si infila in cucina e ne esce con due scodelle di germogli di soia. Di solito li annaffio con dell'ottimo cognac. Quel giorno non feci un'eccezione. Aspettai che posasse le scodelle e gli toccai il braccio.

"Sentite un po', Hong. Se vi dico il nome Dracula, che vi viene in mente?"

"白痴!"

"Va bene," dissi, "lasciamo perdere."

Aprii il libro, che cominciava così:

Diario di Jonathan Harker (stenografato)
3 maggio, Bistrita. Lasciata Monaco alle 20,35 del 1° maggio. Giunto a Vienna il mattino dopo presto; saremmo dovuti arrivare alle 6,46 ma il treno aveva un'ora di ritardo. Stando al poco che ho potuto vederne dal treno e percorrendone brevemente le strade, Budapest mi sembra una...

Chiusi il libro e guardai fuori delle vetrine. Si era alzato un vento teso che però non poteva spazzare via la nuvola maligna. I vapori di colore indefinibile, mescolati alle foglie impazzite, venivano a spiaccicarsi contro la rosticceria e, immaginai, contro ogni rosticceria o altro locale chic di Parigi. Continuai a leggere.

Avevo quasi finito il quinto capitolo quando il buio sorprese la Senna. La bottiglia di cognac era soltanto a metà, non mi andava di portarmela a casa. E dato che non amo lasciare a metà una bottiglia, continuai a leggere.

Non è che non avessi voglia di occuparmi dello strano caso della ragazza insetto. Soltanto, l'unico vero indizio che mi avesse dato era quel libro. O meglio, pensai, doveva trovarsi in quel libro, nascosto da qualche parte. Ignoravo perché si divertisse a giocare agli indovinelli ma, come ho già detto, di clienti strambi ne ho avuti. Così arrivai all'ora di cena sempre leggendo e, essendomi accorto che m'era tornata fame, mi feci portare da Hong un'altra porzione doppia di germogli. La mandai giù con quel che restava del cognac.

Quel libro non era male. Non che io sia tipo da indulgere alla lettura o ad altre occupazioni da smidollati. Mi conoscete. Se però un libro serve alle mie indagini, tanto vale che sia piacevole.

Per la verità, questo Dracula aveva il potere di mettere addosso al lettore una certa inquietudine. Una persona normale avrebbe abbandonato il libro in preda al terrore, ma Albin Baguette non è una persona normale. Anzi, l'idea di percorrere il lungofiume (a quell'ora deserto e misterioso, nel turbinare malinconico delle foglie, l'orecchio teso a cogliere un passo sconosciuto) non mi faceva né caldo né freddo. Lascio volentieri certi sciocchi timori alle bambole o ai damerini suggestionabili.

Prima di uscire, supplicai il signor Hong di accompagnarlo per un tratto, nel tragitto verso il mio ufficio. Essere affiancato da un vero duro l'avrebbe tranquillizzato. È piuttosto pavido, il signor Hong.

Mi rispose: "狗屁 !"

"Vi prego," gli dissi, "almeno fino a rue Champollion."

"笨蛋 !" gridò con estrema gentilezza mentre mi spingeva fuori. Peggio per lui; quanto a me, non ho mai amato camminare in compagnia.

Facendo ritorno all'ufficio osservai la città. Pareva il relitto di un'enorme nave affondata nelle foglie di platano. E le finestre dei palazzi, come le orbite vuote di questa nave che immaginai, erano percosse a ondate da miliardi di frammenti vegetali marroni e gialli. In questa visione, la figura di Dracula compariva sul volto dei rari passanti intabarrati.

Fui felice di chiudermi dietro le spalle la porta dell'ufficio. Mai piaciute, le notti fredde.

Mi sprofondai in poltrona, riaprii il libro (ero arrivato al diciottesimo capitolo) e distrattamente accesi la radio CB. È un apparecchio modificato che utilizzo per captare le comunicazioni della Gendarmerie. Un vero segugio lo fa: si impara molto su Parigi, ascoltando gli sbirri.

Così, con il sottofondo di rapine e omicidi e risse di coltello, continuai la lettura del libro che avrebbe dovuto farmi trovare un filo di paglia in un pagliaio. Una dozzina di volte mi alzai per assicurarmi che la porta esterna fosse chiusa e, ogni volta, mi ricordai che la serratura era rotta. Non che fossi agitato. Figuriamoci! Ma talvolta la signora Corbusier del terzo piano irrompe a tradimento e io non volevo perdere il filo della lettura. Nemmeno una volta levai gli occhi verso la finestra. Sapevo bene che il turbinare delle foglie rosse dietro i miei vetri quasi puliti mi avrebbe rotto la concentrazione. La concentrazione, infatti, non la persi, ma al ventiduesimo capitolo la testa mi ricadde sulle braccia e mi assopii un attimo.

Mi risvegliai il mattino dopo di soprassalto. Stavo facendo un brutto sogno. Mi trovavo in Gendarmerie, seduto su una sedia di metallo o che so io. Un faro mi accecava, però non potevo voltare la testa. Il commissario Javert, in piedi davanti a me, mi gridava in faccia frasi incomprensibili.

"Convergere su rue de Metz 324!" strepitava, con il volto paonazzo. "Rapina in gioielleria a Montparnasse!" "A tutte le volanti, rissa al ristorante La Crémaillère, Boulevard Carnot!"

Infine, con gli occhi spiritati, Javert mi gridò: *Omicidio in rue de la Vieille Mer 13. Il commissario Javert si rechi sul posto. È richiesta presenza del medico legale. Ripeto: omicidio in rue de la Viei..."*

Io avrei voluto domandare a Javert per quale motivo parlasse di sé in terza persona, ma la voce non mi usciva dalla strozza. Fu a questo punto che mi risvegliai di soprassalto. Ma forse dormivo ancora perché una voce, stavolta una voce di donna, continuava: *"...de la Vieille Mer 13. Il commissario Javert si rechi sul posto. È richiesta prese..."*

Maledetta radio CB. La spensi con un pugno e mi guardai intorno. Era giorno fatto e avevo un sapore di fogna nelle fauci.

Rovistai nello schedario e nei cassetti della scrivania, guardai anche dietro il fax ma non trovai nulla di commestibile. Strano.

Generalmente dietro il fax qualcosa trovo. Solo il giorno prima ci avevo scovato due dozzine di crackers sfusi e quasi una manata di briciole.

Riaccesi la radio CB e solo allora mi ricordai del libro. Avrei mangiato più tardi. Non sapevo perché, ma quel dannato libro mi chiedeva di essere letto, non so se mi spiego. Sentivo che, arrivato all'ultima pagina, sarebbe successo qualcosa. Mi toccai la Beretta, lo raccolsi dal pavimento e ripresi la lettura da dove l'avevo interrotta. Intanto, la radio CB gracchiava: *"...ato dappertutto. Passami il medico legale. Dottor Arnoux, so..."*

Dopo un paio di capitoli sentii il bisogno di sgranchirmi le gambe, mi alzai e mi misi a passeggiare per l'ufficio. Ma non mi piaceva la vista di tutte quelle foglie che turbinavano davanti alle mie finestre. Mi mettevano di cattivo umore.

"...no il commissario Javert. Ci sono novità? No, signor commissario. La vittima presenta quelle stra..."

Mi risedetti e proseguii nella lettura. Possibile che esistano scrittori dalla fantasia così fervida? Santo cielo! Questo Stoker doveva averne, di immaginazione. Castelli sperduti, bare, pipistrelli o che so io. Non che fosse il mio genere preferito. Normalmente leggo i fumetti di Leo Pulp.

"..ne piccole ferite all'altezza del collo, che avevate visto anche voi. È come se fosse stata diss..."

E poi per chi vive a Parigi non c'è bisogno di inventare. La realtà basta e avanza. Mi feci un caffè all'italiana. Ho una piccola macchina in ufficio, che uso nelle lunghe notti di lavoro, non so se mi spiego.

"...anguata, ma non vedo come. Dico così perché non ho rilevato segni di l..."

Il libro stava finendo e nessuna idea decisiva si affacciava alla mia mente. Che cosa mi aveva preso? Davvero potevo pensare che la soluzione di un caso si trovasse tra le pagine di un libro? Già era difficile concentrarsi con quel turbinare di foglie fuori della finestra. Ci mancava anche il libro, adesso. Avrei fatto meglio a mettermi a sgobbare sul serio.

"...otta. Dottore, avete già verificato se la vittima aveva assunto droghe? No, commissario, lo saprò solo dopo un esa..."

Verso mezzogiorno la lettura era terminata. Buttai il tomo sulla scrivania e mi appoggiai all'indietro. E adesso? Feci un piccolo programma di lavoro. Mi serviva una pizza da Giulio, poi avrei cominciato a controllare gli alberghi. Avevo una descrizione del mio uomo: con le mie conoscenze, sarebbe bastata.

"...me più approfondito. Fatemelo sapere al più presto; ah, dottore, avevate detto che le ferite erano strane. Come, strane? Strane, Javert: possono essere state causate da un piccolo e tozzo coltello, o più probab..."

A proposito, com'è che aveva detto, la ganza? Che il libro Dracula mi sarebbe servito a farmi un'idea del carattere del suo amico. Sperai che non fosse vero. Il protagonista della storia era una specie di mostro né morto né vivo con terribili denti canini, il quale si divertiva a dissanguare le sue vittime. Sciocchezze.

"...ilmente, mah! Più probabilmente, dottore, cosa? Denti, Javert. Denti umani o animali. Il morso di un animale? È possibile. Ma nessun animale, che io sappia, è in grado di levare tanto sangue a un corpo uma..."

La radio CB attrasse la mia attenzione. Che cosa diavolo stava gracchiando? Sembrava la voce di Javert. Parlava con un tizio che non conoscevo. Povero Javert, probabilmente era alle prese con un caso difficile.

"...no. Mi state dicendo che qualcuno ha piantato i canini nella giugulare della vittima... Piano, commissario, non ho detto nulla del genere! ...e ha lasciato che perdesse tutto quel sangue?, ma è ridicolo! Infatti, Javert, io non l'ho detto: lo state dicendo voi. E dove sarebbe quel sangue, dottore?, sulla scena del delitto ce ne sono poche tracce. Lo state chiedendo a me, commissario? Un momento, Arnoux, devo dire una cosa al sergente Cassini. Sergente, io mi trovo già sulla scena, vieni subito anche tu, ho bisogno. Sì, rue de la Vieille Mer 13. Eccomi dottore, che stavo dicendo? Ah, sì, dannazione, lo chiedo a voi! Dove diavolo è andato a finire il sangue della vittima? Il commissario siete voi, signore, scopr..."

Spensi la radio CB. Santo cielo!

Istintivamente guardai la copertina del libro, in silenzio, per parecchi minuti. Mi versai una razione tripla di acquavite e la buttai giù d'un fiato. Mentre il liquido scendeva per la mia trachea, il cellulare squillò. Era Sophie, la mia ganza numero uno.

Albin, ti disturbo?
" ... "
Albin?
" ... "
Che succede, Albin?
"Sto bevendo."
Se tossisci così non capisco.
"Sto bevendo acquavite, Sophie! E sono molto impegnato, guarda."
Va bene! Potevi dirlo subito. Chiamami tu quando sarai...
Riattaccai. Se la sarebbe presa ma poi avremmo fatto pace; conosco Sophie.

Ora, i casi erano due. Primo. Quel dannato libro mi aveva reso suggestionabile e ora vedevo mostri ovunque, anche in un normale delitto parigino; forse il rumeno che stavo cercando corrispondeva davvero all'immagine che mi ero fatto leggendo il libro, trattandosi tuttavia solo di una persona eccentrica, che magari amava travestirsi da Nosferatu, ma innocua. Secondo. Il rumeno andava in giro mascherato da mostro di un romanzo gotico e si comportava di conseguenza. Sì, una specie di fanatico che, a forza di leggere quel libro, come l'avevo letto io, si era immedesimato a tal punto da volerne emulare il protagonista. La cosa mi avrebbe meravigliato, in una piccola città di provincia; ma non a Parigi. Qui, e lo so per esperienza, ogni cosa è possibile.

Dopo tutto, cosa avevo da perdere? Al punto morto in cui mi trovavo, tanto valeva andare a dare un'occhiata in rue de la Vieille Mer.

Mi recai prima da Giulio al Trocadéro per una pizza. Mi intrattenni con l'italiano e gli parlai dello strano delitto che avevo captato con la radio CB. Non ne sapeva nulla ma si sarebbe informato. Non so come facesse ma aveva amici o parenti ovunque. Cugini, specialmente.

Non appena cominciò a imbrunire presi la metro in direzione nord e attraversai tutta la città fino alla stazione di Strasbourg - Saint Denis, poi a piedi percorsi l'ultimo tratto di strada.

Davanti al numero 13, una villetta con giardino di una piccola schiera, stazionavano due volanti sbirre e un'auto civile, una Renault. Riconobbi quest'ultima come quella di Javert.

Trovai un bar poco distante, da cui avrei potuto sorvegliare la scena senza essere visto. Ordinai da bere e attesi. Dopo mezz'ora uscirono dalla casa tre sbirri e sloggiarono. Per ultimo uscì Javert accompagnato da un uomo in borghese. Forse il medico legale di cui avevo ascoltato la voce. Il commissario sigillò con il nastro adesivo la porta d'ingresso, poi la Renault sgommò in un tripudio di foglie secche.

Il campo era libero.

Mi tastai la torcia nella tasca della giacca e, per abitudine, anche il ferro. Seduto al tavolino del bar elaborai un piano. Non sarebbe stato facile entrare in quel villino senza lasciare segni di effrazione. Parlo per le persone normali. Ma l'uomo che stava per ispezionare il teatro di quell'omicidio era un vero duro e un vero duro conosce anche l'arte dello scasso. Non è da tutti.

Pagai la camomilla e mi avviai giù per rue de la Vieille Mer, aggirando lo stabile attraverso un piccolo parco alberato. Il retro del villino aveva, come del resto sospettavo, le finestre sprangate. Accesi la torcia e mi avvicinai con il passo di un felino. La porta sul retro era sigillata con il nastro adesivo della Gendarmerie. Su di essa era affisso un foglio stampato: l'avviso di sequestro da parte del tribunale. La serratura era stata forzata, probabilmente l'assassino era entrato da lì. Infilai le dita sotto lo stipite e tirai. La porta cedette con un rumore secco.

Mi guardai intorno un'ultima volta ed entrai nella scena del delitto.

Le stanze del piano terreno mi parvero molto in ordine. Niente faceva immaginare che lì si era consumato un dramma. Ma c'era uno strano ticchettio, il quale mise subito all'erta i miei sensi allenati. Feci roteare il cerchio giallo della torcia su un salotto deserto e sui pensili di una malinconica cucina. Nel lavello c'erano due piatti, un bicchiere e alcune posate.

Il rubinetto gocciolava. Ecco spiegato il ticchettio.

Pensai alla tizia che solo il giorno prima aveva usato quelle stoviglie. Cercai di indovinarne i movimenti. Anzi, cercai proprio di vedere questa ganza entrare dalla porta della cucina e sedersi a tavola. La visualizzai versarsi da bere e portare alle labbra il bicchiere. Maledizione, era una visione molto realistica. Dovetti farmi forza e scuotermi; allora la visione sparì e la tavola ritornò com'era: vuota. Dalla stanza accanto si udì un secco "cric".

Sfoderai la Beretta e restai in ascolto. Forse era solo un vecchio mobile, ma la prudenza non è merce che si paga a consumo. Attesi inutilmente altri rumori. Maledetti vecchi mobili. Il rubinetto gocciolava e gocciolava. La torcia cominciò a ondeggiare leggermente. Probabilmente le batterie erano scariche. Cominciai a domandarmi che cosa ci fosse, oltre i confini del mio cerchio di luce in movimento.

Il piano superiore aveva due camere da letto: le esaminai entrambe. Nella seconda, ecco la scoperta. Alla luce tremolante della torcia vidi un letto dalla coperta chiara, sul quale pareva che qualcuno avesse dormito di recente. Ma proprio sul cuscino c'erano due segni che non sfuggirono al mio occhio allenato. Sembravano due macchie di sangue, piuttosto minuscole, alla distanza di due o tre centimetri l'una dall'altra. Sul pavimento, altri sversamenti e schizzi e sottili scie si susseguivano uscendo dalla porta.

La casa non era silenziosa. Piccoli echi o deboli risonanze salivano dal piano di sotto. Potevano essere gli effetti di vecchie vetrinette. Potevano essere comuni topi che perlustravano il campo finalmente libero. Poteva essere l'assassino.

Mi venne in mente il libro che avevo appena letto. Maledetta Coruche.

La luce della torcia cominciò ad oscillare in modo convulso. Ridiscesi la scala con la circospezione di un gatto. Mi fermai sulla soglia della porta sul retro con l'orecchio teso. A parte il gocciolare del rubinetto, tutto taceva. Uscii nel giardino e richiusi accuratamente l'uscio. Un vero segugio sa come riposizionare i nastri adesivi della Gendarmerie sulla scena di un crimine. Non è da tutti.

Mi sedetti sui gradini esterni e feci lavorare le meningi. La breve visita era stata totalmente infruttuosa? Forse no. Adesso almeno conoscevo la natura del sanguinamento della vittima. Ma di che utilità poteva mai essermi? Avrei potuto facilmente desumere quel dettaglio dalle conversazioni radiofoniche di Javert. Eppure, il mio intuito infallibile mi diceva che da quella visita avrei potuto trarre informazioni fondamentali per risolvere il caso della ragazza a forma di bozzolo d'insetto.

Così perso nei miei pensieri, feci correre la torcia lungo il camminamento che dalla porta sul retro arrivava a un piccolo cancello. Un oggetto luccicava a fianco del vialetto, nascosto tra le foglie inquiete. Mi alzai e lo raccolsi. Era un anello d'argento piuttosto pesante. In un banco dei pegni di mia conoscenza avrei potuto ricavarne forse trenta o quaranta banane. Me lo ficcai in tasca e scavalcai il piccolo cancello, quindi raggiunsi a grandi passi la fermata della metro. Per tutto il tragitto di ritorno mi tastai nella tasca l'anello.

Rientrato in ufficio, scovai del pancarré sotto la fotocopiatrice e cenai. Poi, finalmente, posai sulla scrivania l'anello per studiarlo meglio. Forse valeva più di quanto pensassi. Molto grosso, certamente d'argento, portava incise parole che non potei comprendere. Eccole:

PRINTUL VLAD

Se l'omicidio di rue de la Vieille Mer, come credevo, aveva a che fare con il mio uomo scomparso, quell'anello poteva aiutarmi a ritrovarlo (in caso contrario mi avrebbe aiutato a pagare l'affitto del mese di giugno. Il padrone di casa era un uomo privo di umorismo).

Su quali elementi si basava una teoria così fragile? Avevo una cliente anemica, un rumeno scomparso e una conversazione di Javert captata per radio CB. Questi tre elementi formavano un quadretto piuttosto sbiadito, un quadro fragile come tela di ragno. Ma nella tela era incappato un insolito moscone a forma di anello d'argento, che non riuscivo a smettere di guardare e di rigirarmi tra le dita.

Chiamai Sophie. Una sua amica era rumena, me la ricordavo bene. Non dimentico mai una donna di classe.

"Chiedi alla tua amica Ana il significato di queste due parole: Printul Vlad. Ripeto: Printul Vlad."

Va bene, tesoro, aspetta che lo scrivo... ...tul vlad... ...ma non garantisco. Quando ha clienti Ana spegne il telefono.

"Sarà quasi impossibile trovarla, allora. Comunque, tu provaci."

Riattaccai e chiamai Giulio. Sì, perché avevo escogitato un modo per conoscere il proprietario di quell'anello. Non è da tutti. Incaricai l'italiano di fare per conto mio un'inserzione su Le Figaro, alla sezione annunci personali. Il testo dell'annuncio era:

Nella serata di ieri è stato ritrovato in rue de la Vieille Mer un anello d'argento con iscrizione. Il proprietario può ritirarlo in rue Tournefort, 26. Suonare A. Baguette.

Avevo la netta sensazione che avrebbe funzionato. Un anello singolare come quello, e con un'iscrizione ancor più singolare, può condurre la Gendarmerie molto vicino all'autore di un delitto. Se l'assassino l'aveva perduto la sera dell'omicidio (e se era furbo), l'indomani avrebbe cercato di recuperarlo. Non sarebbe venuto di persona, più probabilmente avrebbe mandato qualcuno. Almeno sperai.

Mi venne voglia, nell'attesa, di tracannare qualche cognac all'Henry's, giù a Saint Sulpice. Scesi le scale, aprii il portone sulla strada, ma la scena che si presentò ai miei occhi mi costrinse a fermarmi con la mano sul pomello. Il vento era aumentato decisamente di intensità. Rue Tournefort mi sembrava una centrifuga di foglie secche di platano rosse ocra gialle marrone o che so io, di vecchi giornali, di biglietti abbandonati della metro e di altri oggetti ancora, menati di qua e di là dal terribile fiato di Parigi. La nuvola maligna però non voleva saperne di farsi spazzare via. Era scesa fino al marciapiedi e resisteva, grigia e densa.

In ufficio, dietro lo schedario, ho sempre pronta una branda. Per ogni occasione, non so se mi spiego. Richiusi il portone senza poter evitare che un numero impressionante di foglie svolazzasse nell'androne e, con la testa piena di anelli d'argento e bozzoli d'insetto, risalii in ufficio a prepararmi il letto e tre dita d'acquavite.

Non appena aprii gli occhi, il giorno seguente, il pensiero mi corse all'annuncio. Mi sprimacciai i vestiti con le mani senza successo, poi scesi a fare colazione in un bar di place Monge. Il vento si era un poco calmato, ma lo strato di foglie di platano sopra i marciapiedi e lungo le strade stava raggiungendo altezze impressionanti. Maledetta amministrazione municipale. Vicino al bar comprai Le Figaro e andai alla sezione degli annunci personali:

Nella serata di ieri è stato ritrovato in rue de la Vieille Mer un anello d'argento con iscrizione. Il proprietario può ritirarlo in rue Tournefort, 26. Suonare A. Baguette.

Ora non mi restava che aspettare. Ritornai in ufficio e ne approfittai per riordinare certe pratiche arretrate. Nel primo pomeriggio il cellulare squillò. Era Giulio. Posai l'albo di Leo Pulp e risposi.

"Eccomi."

"Ciao, Albin!" gridò l'italiano. "Hai visto il giornale?"

"Parla piano. Sì, ho visto. Dovrebbe funzionare."

"Vuoi spiegarmi di cosa si tratta? Da quando in qua restituisci un anello trovato per strada?"

"Ma niente, fa parte di certe indagini che sto conducendo."

"C'entra con l'omicidio di rue de la Vieille Mer?"

"Forse. Vedi, una strana cliente mi ha incaricato di trovare un certo uomo. E io penso che costui sia coinvolto in quell'omicidio, ecco tutto."

"Santo cielo, Albin!"

"Parla piano."

"Mio cucino Luca della Morgue mi ha detto che la vittima è stata dissanguata! Attraverso due fori sul collo!"

"Ecco, è proprio questo il punto. Il tizio che sto cercando è una specie di sciroccato che si muove solo di notte e si veste come Nosferatu. Forse si è immedesimato troppo nella parte."

"Certo che tutti gli svitati li trovi tu! O credi che sia veramente un vampiro, eh, Albin?"

"Parla piano. E non dire sciocchezze. Se è come penso, si tratta solo di un assassino. Ne ho visti tanti. A questo mancheranno solo più rotelle degli altri. Ma ora scusami, suonano. Ti terrò aggiornato."

"Un momento, Albin, stai atten..."

Riattaccai, perché qualcuno giù in strada aveva suonato davvero il mio campanello. Presi l'anello e me lo ficcai in tasca. Sganciai la sicura alla Beretta e aprii il portone dell'atrio. "Chi è?" gridai giù per la tromba delle scale. Non venne alcuna risposta, se trascuriamo il rumore di passi su per gli scalini. Di sicuro non era il portalettere.

Mi sedetti alla scrivania e attesi. Un minuto dopo, una donna entrò. Dapprima la scambiai per la Coruche. Il colore della pelle era lo stesso. Non aveva però un impermeabile e non assomigliava a un bozzolo d'insetto. Aveva piuttosto un maglione o qualcosa del genere, ma non feci molto caso all'abbigliamento: ero incantato dal suo viso, non solo per la piccola cicatrice accanto alle labbra. Per la seconda volta nella mia vita, e nel giro di quarantotto ore, vedevo una donna dall'incarnato bianco come la neve. Non poteva essere una coincidenza. Forse la mia teoria non era poi così bislacca. Non è da tutti fare uso di tanta modestia.

"Desiderate?"

Mi rispose che era lì per l'annuncio su le Figaro.

"Così, l'anello è vostro."

Disse che sì, era un ricordo di famiglia.

"Voi capirete che devo essere sicuro che sia proprio vostro. Sapreste descriverlo?"

Lo descrisse nei minimi particolari, compresa l'iscrizione.

"Ah, già," dissi tirando fuori l'anello, "mi ero appunto chiesto che cosa significasse."

Non rispose alla domanda se non per dire che era un'iscrizione in lingua rumena.

Le porsi l'anello: "E vi consiglio, signorina, di stare più attenta d'ora in poi. Sembra un oggetto di un certo valore; non tutti sono onesti come il sottoscritto."

Mi ringraziò e disse che sì, sarebbe stata attenta. La sua voce era molto diversa da quella della Coruche, ma a suo modo metallica. Avvertivo che nell'intonazione qualcosa mancava, non sapendo però individuare che cosa. Alla fine prese l'anello dalla mia mano sinistra, disse ancora grazie con un filo di voce e si chiuse la porta alle spalle.

Io espirai. Per tutto il tempo avevo tenuto gli occhi fissi sui suoi e la mano destra sotto la giacca, sul calcio della Beretta.

Restai in ascolto. Non appena la strana donna fu giunta nell'androne, afferrai l'impermeabile e il cappello e silenziosamente mi lanciai giù per le scale. La lasciai uscire sulla strada poi mi misi sulla sua pista. Fece un giro piuttosto tortuoso fino alla stazione della metro di Jussieu. Per fortuna la ressa mi permise di salire sul suo convoglio senza essere visto. Discendemmo a Mirabeau. La ragazza non aveva esperienza. Camminava senza mai voltarsi né guardarsi intorno: pedinarla era fin troppo facile. Ma poi, con mio grande disappunto, salì su un taxi. Così non mi rimase che prenderne uno anch'io. Maledizione, pedinare in taxi costa, e non ho grandi margini. Si diresse verso ovest, attraverso un quartiere di villette e case singole che non conoscevo. Il suo taxi imboccò una stretta via (e io registrai: rue de Vindé) per arrestarsi finalmente davanti a una casetta male in arnese con i muri pitturati di giallo. Feci fermare il mio tassista qualche centinaio di metri prima. Ventotto banane. Mi feci fare una ricevuta per la Coruche.

Aspettai che la dama entrasse nel villino, poi mi diressi con circospezione giù per rue de Vindé. Per chi non lo sapesse, il quartiere di Saint Cloud si trova nel 16° arrondissement, praticamente ai margini della città. Sarà forse per questo motivo che l'aria mi pareva meno pestilenziale, la foschia meno densa, le foglie secche più rade e più discrete. Meno Parigi, insomma. Forse a Saint Cloud la gente non si mette neppure il pane sotto le ascelle.

La tizia era entrata al numero 34. Passai davanti al portone gettando un'occhiata verso le finestre, che erano tutte chiuse. L'uomo che cercavo, ne ero sicuro, doveva trovarsi dentro a quel villino. Ma come fare ad averne la prova e, soprattutto, a stanarlo? Dovevo aspettare che calassero le tenebre. Solo allora mi sarei mosso. Mi piazzai all'inizio della via e l'attesa non fu lunga. Mezz'ora dopo le auto già passavano con i fanali accesi.

Aspettai un altro quarto d'ora e, rasentando le recinzioni dei villini, mi diressi verso il numero 34. Le finestre erano ancora sprangate. Ma io avevo visto la ragazza entrare ed ero certo che non fosse sola. Scavalcai il basso muretto e mi ci accucciai un istante sotto.

Scrissi un sms per Giulio: *se tra mezz'ora non ti chiamo manda Javert rue de Vindé 34 a St. Cluod. Forse ho trovato assassino rue de la V. Mer.*

Sguainata la Beretta, scivolai lungo il muro del villino alla ricerca dell'entrata posteriore. Un'entrata posteriore c'è sempre. Arrivato all'angolo con il muro più lontano dalla strada, sporsi lentamente la testa oltre lo spigolo.

Ma a questo punto qualcuno mi colpì da dietro, perdetti i sensi e su di me scese il sipario.

Mi risvegliai per il dolore alla nuca. Ero seduto su un pavimento. Provai ad aprire gli occhi ma subito cambiai idea, perché allora mi parve di avere davanti alla faccia i fuochi d'artificio del Bicentenario, comprensivi di scoppi, bombe carta e girandole a grappolo. Non so se mi spiego. Sollevai le palpebre più lentamente e andò meglio. La nuca mi martellava niente male.

Mi trovavo in una stanza in penombra. La porta socchiusa dava su un corridoio dal quale trapelava una luce distante. Tutto era silenzioso. Il mio gentile ospite non mi aveva legato né mani né piedi. Il palmo mi corse per istinto alla fondina, naturalmente vuota. Cellulare e portafogli erano probabilmente insieme alla Beretta.

Non mi domandai dove fossi. E dove potevo mai trovarmi, se non nel villino male in arnese dai muri pitturati di giallo di rue de Vindé 34? Senza far caso al martello che mi perforava la zucca mi alzai e mi avvicinai all'uscio. Un corridoio si stendeva silenzioso; l'ultima porta in fondo faceva filtrare la fioca luce. Mi concentrai e mossi i miei passi lentamente. A un certo punto una scala partiva, discendendo: ero dunque all'ultimo piano. Quanti piani aveva il villino? Tre, mi pareva, compreso il pianterreno. Una persona normale si sarebbe lanciata giù per quella scala, ma non Albin Baguette. La luce dietro la porta mi chiamava e io rispondevo un passo dopo l'altro. Non è da tutti. Non potevo non tenere il palmo sulla fondina, pur sapendo che era vuota.

Posai infine la mano sull'ultima porta del corridoio, la scostai leggermente e guardai con un occhio dentro la stanza.

Santo cielo.

La luce emanava da un abat-jour; posato su un comodino; accanto a un letto a due piazze; coperto da lenzuola color ciclamino; sulle quali una donna giaceva a piedi scalzi; con un braccio penzoloni che come grottesca indicazione richiamava i miei sguardi verso il collo; sul cui incarnato candido le vene azzurrine risaltavano; e ancor più risaltava il colore rosso bruno di due piccole ferite; dalle quali due minuscoli fiumi rossi traevano vita; macchiando il lenzuolo color ciclamino; cosa di cui la donna non sembrava scossa; avendo ella gli occhi fissi su un punto lontano al di là del soffitto; con un'espressione di orrore senza rimedio.

Tutto questo io vidi con l'occhio destro, la guancia posata sulla porta. Non serviva un medico legale per capire che mi trovavo di fronte ad una salma. Piuttosto fresca, giudicai, forse di giornata, ma pur sempre una salma.

86

La pelle della guancia destra mi si era appiccicata alla superficie dell'uscio. La scollai ascoltando il debole schiocco del distacco, nel silenzio irreale della casa, quando una voce cavernosa e baritonale, forse due metri dietro me, tuonò: "Buonasera!"

Ormai mi conoscete. Sono troppo esperto di situazioni d'emergenza per farmi sorprendere. Una volta, nella Legione, durante una delicatissima avanscoperta fui oggetto di un gavettone da parte dei miei compagni. Non so di cosa fosse pieno quel secchio ma so che non poteva trattarsi di acqua, essendo severamente razionata, per non parlare dell'odore.

Inoltre, sono esperto di combattimento a mani nude. Quando un avversario ci affronta dobbiamo subito prendere le distanze, specialmente se egli è armato di coltello o altro oggetto di offesa. Non avevo il tempo né di voltarmi per controllare, né di aprire completamente la porta. Stimai più efficace divellerla lanciandomi nella stanza con un grandissimo grido di guerra. Atterrai sul letto proprio accanto alla salma e mi voltai.

Un uomo entrò a lenti passi nella camera.

Dio mio, dio mio.

Le cose che per prime mi colpirono furono gli occhi, che aveva umidi e fissi su di me, e la lucentezza del cranio. Solo un istante dopo notai le labbra sottili tirate e leggermente socchiuse. Ho visto amiche di Sophie con labbra meno rosse. O quell'uomo aveva appena divorato lamponi, o faceva uso pesante di rossetto. Esclusi la seconda ipotesi.

Pallido come la Coruche, vestiva una camicia nera dal collo rialzato. Lentamente avanzando, esordì: "Così, ci crediamo molto furbi."

Mi guardai intorno. La finestra era sbarrata e, comunque, ricordai di trovarmi a sei metri sul livello del suolo.

"Così mi tendi delle trappole, così segui le mie amiche."

Senza pensare guardai il viso della morta ed ebbi un sussulto. Aveva una piccola cicatrice accanto alle labbra. "Ma che strano concetto di amicizia," dissi.

"Non ti sento," disse, sempre avvicinandosi, ma con lentezza esasperante. "Parla più forte, non ti sento."

"Ho detto che avete uno strano…"

"Così sei un investigatore," mi interruppe. "Scommetto che è stata lei a ingaggiarti. Eh, signor Baguette? Sì, quella Élizabeth!"

"Amélie," lo corressi. Dovevo prendere tempo. Forse avrei trovato il modo di uscire da lì. Forse. "Va bene, signor Dimitrie o come diavolo vi chiamate. Ora voi mi seguirete senza fare storie fino alla Gendarmerie e nessuno si farà male."

La mia tirata dovette impressionarlo, perché proseguì: "Quella Élizabeth! Non si fermerà finché non mi avrà trovato, signor Baguette."

"Perché non mi offrite un cognac e facciamo pace? Avete l'aria di essere un brav'uomo."

"Ma sono io che decido! Può una vittima scegliersi il carnefice? No!" mi gridò con gli occhi fissi, sempre avanzando.

"State venendo troppo vicino, amico."

"Tu la vedi," proseguì, "questa donna perduta? Mi cercava, mi ha cercato per giorni come una falena il fuoco. È lei che ho mandato da te a recuperare l'anello. Poi la falena…"

"Adesso fermatevi!" gli intimai. Se avesse allungato una mano avrebbe potuto toccarmi. Sempre che ne avesse avuto il fegato.

"…si è bruciata. Non ho potuto negarglielo. Una vittima, caro Baguette, sa essere molto determinata."

"E voi ve ne intendete, eh?"

I suoi occhi lampeggiarono e mi afferrò per il collo. Poveretto. Se avesse saputo con chi aveva a che fare avrebbe moderato i toni. Per il momento gli diedi corda.

Il suo braccio si sollevò e io con esso. Mi alzò dal letto verso l'alto proprio come si leva in aria una bambola di pezza. Sentivo che i miei piedi non toccavano il pavimento. Dovetti attaccarmi con le mani a quel braccio, o non avrei più avuto una testa sul collo. Continuai a dargli corda.

"Sì," disse guardandomi dal basso in alto (trovandomi io più vicino al soffitto che al parquet), "sì, me ne intendo." I suoi occhi, che un istante prima lampeggiavano, si accartocciarono in una cupa disperazione. Poi aggiunse: "Se ti dicessi da quanti anni io consumo questa specie di vita, e quella delle mie vittime, in un gioco che non finirà mai… Tu rideresti, povero sciocco." Il suo sguardo si acquietò un poco ed egli proseguì: "Ma io non l'ho scelta, questa mia vita. Te lo spiego, ometto, affinché tu sappia perché muori."

Forse il sangue arrivava più lentamente al mio cervello: mi pareva di sentire, come in lontananza, sirene o arpe celesti.

"Muori perché hai visto che cosa faccio, muori perché hai capito che cosa sono io..." Quindi pronunciò alcune parole che non ricordo o non riuscii a comprendere. Forse mi disse che le creature come Élizabeth non possono fare a meno di cercare la loro fine. Forse aggiunse che quando si diventa una vittima, poi non si può essere più nient'altro.

Le sirene nel mio cervello sembravano più vicine. Le udivo correre verso me a folle velocità. Ero già morto? Ci vuole altro, pensai.

"E quando un essere umano diventa la vittima di uno come me, lo cerca. Mi cerca, signor investigatore, come una falena il fuoco. E si serve di qualsiasi mezzo per trovarmi. Anche di te. E mi troverà, prima o poi. Oh, io non ci tengo affatto, e non ho nessuna fretta."

Bisbigliai: "Non sentite anche voi le sirene?" Perché mi pareva proprio di udirle distintamente. Non mi andava di morire, decisi. Anzi, se il damerino mi avesse lasciato il collo avrebbe rimpianto di essere venuto al mondo.

"Non ci tengo, io, ad essere trovato!" disse.

Mi abbassò fino a farmi toccare l'impiantito con i piedi e cominciò a lanciare certi sguardi diagonali. Probabilmente cominciava anche lui a sentire le sirene.

"Voglio dirtelo prima che tu muoia, signor Albin: è una bella seccatura avere una come la Coruche alle calcagna. Appartiene a una categoria molesta: la vittima ostinata. Ma le senti anche tu queste sirene? È la polizia che viene qui? Ma certo. Ho idea che tu mi abbia fatto uno scherzo. Me l'hai fatto, signor Baguette? Hai chiamato qui la polizia?"

"Sì," bisbigliai, o provai a bisbigliare. Non credo che ci fosse più molto sangue al mio cervello, non so se mi spiego.

"Va bene, allora facciamo così," disse lanciandomi sul letto. Mi tastai il collo e provai a respirare di nuovo. Mi pareva che nei polmoni e lungo la gola mi entrassero schegge di vetro.

"Facciamo così, signor investigatore. Adesso non ho tempo per ammazzarti. Lo senti? Arriva la polizia. Ma ci rivedremo. Non aver paura, ti ritroverò io."

Camminando a ritroso, senza staccare gli occhi dai miei, superò la porta della camera e sparì dalla mia vista.

"Stai tranquillo, signor Baguette, non ti prenderai la colpa!" mi gridò dalle scale con voce sempre più lontana; poi alcuni colpi metallici e niente più.

In pochi istanti mi scossi, mi lanciai giù dal letto e mi misi diritto in piedi. Appoggiandomi ai muri riuscii dopo alcuni tentativi a raggiungere la porta della camera. Dovevo assolutamente recuperare portafogli e cellulare. A che sarebbe servito scappare dalla scena del delitto, se la polizia ci avesse poi trovato tutta la mia roba come una firma?

Le sirene erano vicinissime. Le auto sbirre dovevano avere già imboccato rue de Vindé.

Quasi senza incidenti gravi mi capitombolai giù per la scala. La luce del secondo piano mi bastava appena per intravedere i gradini. Arrivato al piano terreno intuii una piccola sagoma sul pavimento. La tastai alla debolissima luce. Erano una rivoltella, un portafogli e un cellulare. Mi buttai tutto in una tasca della giacca, indovinai la maniglia dell'uscio ed emersi. Lo stridore dei freni superò per un istante l'ululato delle sirene. E portiere aperte, e vociare convulso di uomini.

C'era una siepe, mi ci lanciai e strisciai in avanti. Non so come raggiunsi la stazione di Saint Cloud, saltando da un giardino all'altro, scavalcando recinzioni di case private e muri di cinta. Sulla metro finalmente mi rilassai un po'. Misi al loro posto il portafogli, il cellulare e la Beretta. Fu una vera fortuna che l'assassino li avesse lasciati dove potevo trovarli e raccoglierli, altrimenti al ritorno a casa avrei trovato Javert. Ma forse la fortuna non c'entrava. Com'è che aveva detto? *Stai tranquillo, signor Baguette, non ti prenderai la colpa!* Il telefono cellulare era stato spento. Lo accesi e trovai una chiamata di Giulio. Gli mandai un sms: che non si preoccupasse, stavo bene, e grazie per aver mandato gli sbirri.

Tre giorni e mezzo passarono. Non avevo più contattato la Coruche. Non sapevo nemmeno se fosse riuscita nel suo intento di trovare l'uomo che l'avrebbe uccisa. La vittima ostinata.

Avevo però letto in cronaca nera dello strano omicidio di rue de Vindé, anche se i dettagli più importanti erano naturalmente stati omessi. Era un martedì verso sera; stavo riordinando dei documenti importanti quando Giulio mi chiamò.

"Albin, forse ho qualcosa per te!"

"Non gridare, santo cielo!"

"Hai presente il tuo rumeno scomparso?"

"Perfettamente." Ed era vero. Il collo mi doleva ancora.

"Forse te l'ho trovato."

"Dove?" gridai alzandomi in piedi e lanciando via l'ultimo numero di Leo Pulp.

"Ricordi che mi avevi chiesto di mettere all'erta i portieri di notte di tutti gli alberghi di Parigi? Mio cugino Attilio che lavora all'hôtel de Crillon dice che c'è un cliente molto strano!"

"Quanto strano?"

"Corrisponde alla descrizione, Albin! E poi lo si vede uscire solo di notte. Dice di essere un giocatore, ma mio cugino Giorgio non l'ha mai visto in nessun casinò. E dire che mio cugino Giorgio li frequenta tutti!"

"Va bene, hai fatto un ottimo lavoro. Sai anche il numero della camera?"

"Certo! È la 429, al quarto piano. Ma, Albin, ti prego di stare att…"

Riattaccai. Ci siamo, pensai. Raccolsi la Beretta e la rinfoderai. L'hôtel de Crillon, lo sapevo bene, si trova in Place de la Concorde. Roba di lusso.

Quando aprii il portone giù da basso fui investito dalle maledette foglie di platano. Alla quantità ero ormai abituato, ma il vento più capriccioso che avessi mai visto le sbatteva avanti e indietro, si sarebbe detto con una certa intenzionale crudeltà. Vento che mi si infilava maligno giù per la collottola e dentro le maniche. La nuvola stazionava intorno ai primi piani dei palazzi, in attesa di qualcosa (ma che cosa?), aggrappata alle finestre e ai cornicioni di pietra.

Mi chiusi il bavero con la mano e mi incamminai. Dopo pochi passi fu evidente che qualcuno mi seguiva. Si dava un gran da fare per frammettere sempre qualche passante tra noi, ma ho troppa esperienza. Fingendo di allacciarmi una scarpa gettai un'occhiata. Era la Coruche. La ragazza giocava sporco. Ma, alla luce di quel che avevo appreso, aveva le sue ragioni. Non poteva permettere che io facessi fuori il suo assassino. Era una drogata. O, come l'aveva descritta benissimo l'assassino stesso, una falena che cercava la fiamma. Ignoravo perché una ragazza non brutta come la Coruche sentisse tutto quel bisogno di farsi ammazzare, e si fosse addirittura scelta il sicario pagando me per trovarglielo.

Sì, avevo fatto le mie ricerche e sapevo che il buon Dimitrie mi aveva detto la verità: nelle storie gotiche o giù di lì, le vittime dei vampiri vanno di proposito a farsi mordere dall'uomo che le ucciderà. Ma quella non era una storia di vampiri, era la vera Parigi; e quell'uomo non era Dracula, ma un semplice volgare assassino che avrei acciuffato com'era vero che mi chiamavo Albin Baguette. E se invece la povera Coruche fosse stata ammazzata con due buchi nel collo da un pazzo in maschera, io avrei letto un vero articolo di cronaca nera nel vero Le Figaro, poi l'avrei gettato in un vero cestino della carta straccia.

Provai a seminarla, ma la ragazza era tenace.

Il fiume di foglie scorreva lungo le vene di Parigi: io navigavo sulla riva destra e la Coruche guardinga su quella opposta. Allora planavo sul lato dirimpetto e anche lei tagliava in diagonale per evitarmi. Così di scatto viravo a babordo, quasi incrociandola, e lei si nascondeva dietro un passante per approdare infine alla mia sinistra. Io la spiavo con la coda dell'occhio e lei mi scrutava, non sapendo che io la vedevo.

La nebbia grigia si condensava in palazzi di mattoni e intonaco, non so se mi spiego, mentre tra quei palazzi navigavo veloce con le foglie sui calzoni e intorno al cappello. E sapevo che la Coruche non era lontana. La vedevo affiorare talvolta dalle onde e mirare verso me.

Le foglie di platano scorrevano lungo B.rd Saint Michel alzandosi in alte creste lungo le sponde di pietra decorata; io e la Coruche come due pagliuzze nere ne eravamo trasportati, come da una forza superiore e imperscrutabile.

In Quai des Grands Augustins ci fu un gorgo formato con la corrente che proveniva da rue Dauphine. Annaspando tirai fuori la testa dai flutti vegetali e la vidi a poca distanza. Il fiume poi si ingrossò e prese velocità lungo Quai Anatole, tanto da offuscare la luce dei lampioni. In fondo al viale mi voltai e mi parve di averla perduta.

Superai la Senna, tagliai in diagonale l'immensa piazza, costeggiai gli ippocastani degli Champs-Élysées ed ecco: l'hôtel de Crillon era di fronte a me.

Nella hall provai a liberarmi dalle foglie di platano che riempivano le mie tasche, i risvolti dei calzoni, le scarpe. Entrai nell'ascensore e premetti il tasto del quarto piano. Estrassi la Beretta e la tenni posata sul cuore, sotto la giacca. Ero già al secondo piano. Terzo, quarto. Il corridoio. La lunga fila di porte era silenziosa. Cercai con gli occhi. Eccola, la numero 429. Attesi alcuni attimi. Dall'interno non veniva alcun suono. Mi cavai di tasca una scheda magnetica che ho elaborato con la carta stagnola. Un vero segugio sa come entrare in una camera d'hôtel. Infilai la scheda nel lettore, la mossi un po' e la luce diventò verde. Ora non mi restava che entrare. Spingendola con la canna del ferro, cominciai ad aprire lentamente la porta. E allora, in quel preciso momento, successe ciò che non mi aspettavo. Credevo di avere seminato la Coruche in Quai Voltaire. Come potevo immaginare che fosse riuscita a tenermi agganciato e che mi avesse seguito, prendendo le scale fino al quarto piano? Arrivando da dietro mi travolse come una furia. Mentre io cadevo di faccia, lei si lanciò nella stanza e chiuse dietro di sé la porta.

"Amélie!" gridai "Non fatelo! No!"

Maledizione. Raccolsi febbrilmente la scheda magnetica, la infilai nella fessura e dovetti muoverla un po' per ritrovare la posizione giusta. Alla fine la porta si aprì. La spalancai e mi lanciai all'interno.

La scena che mi si presentò è difficile da dimenticare, anche se in seguito ho vuotato più di una bottiglia di cognac per riuscirci.

La finestra era spalancata; alla luce opalescente della luna tutta la camera risplendeva. Il vento, a quell'altezza, era ancora più spietato; muggiva attraverso il buco aperto della finestra e faceva delle tende una cortina orizzontale, alta e immobile. La Coruche era in piedi sul davanzale della finestra, le braccia spiegate, gli occhi sulla voragine di Parigi. I suoi capelli ondeggiavano al vento come strane alghe o antenne d'insetto. Un grande uccello nero le passò accanto scomparendo nella notte col suo volo sincopato.

Io ero ipnotizzato. Non so quanto tempo passò. Forse un secondo, o addirittura due.

Prima che potessi dire o fare qualcosa, la ragazza insetto fletté leggermente le gambe e si lanciò. Un attimo dopo dubitai che quella visione fosse esistita davvero. Ma poi mi scossi e corsi alla finestra. Le persone sulla strada sembravano piccole formiche. Non tanto per la distanza, quanto per la proporzione con la piazza smisurata. Una donna gridò forte, c'era una strana macchia sul selciato. Era la Coruche.

Il cuore, che prima si era quasi fermato, prese a battermi con violenza. Mi guardai intorno ma la stanza era deserta e nessuno poteva essere uscito dalla porta. Gli occhi mi caddero su una scheggia di luce. Era un anello d'argento. Lo raccolsi e uscii da quella stanza, dileguandomi per la scala antincendio. Sapevo già cosa era scritto su quell'anello.

Così ritornai a percorrere il fiume, stavolta al contrario, senza far caso al suono delle ambulanze, delle auto sbirre e agli altri suoni di Parigi. Che cos'era l'uccello nero, o altro animale membranoso, che avevo intravisto nel vano della finestra? E la povera Coruche, cosa sperava di raggiungere lanciandosi in avanti? Forse proprio quell'animale volante? Era dunque così forte la determinazione a esser vittima, tanto da non fermarsi neppure quando il suo assassino spariva nell'abisso della città sotto forma di illusione alata?

Ecco: illusione era la parola adatta per questo caso incredibile.

Ma io possedevo una cosa concreta che apparteneva a quell'uomo, ed era sempre un anello d'argento. Sapevo che prima o poi sarebbe venuto a riprenderlo. Io ero pronto. Un giorno il mio campanello avrebbe suonato, oppure qualcuno mi avrebbe toccato una spalla lungo la strada, di sera tardi.

Il cellulare squillò: era Sophie. Forse voleva dirmi che cosa significasse *Printul Vlad*. Forse aveva dimenticato di chiederlo alla sua amica rumena, oppure la sua amica non lo sapeva o, se lo sapeva, aveva preferito non dirlo. Riattaccai senza rispondere.

Il fiume di foglie secche di platano scorreva ora più impetuoso che mai. Avevo bisogno di cognac. Mi tastai con le dita l'anello in tasca e mi abbandonai alla corrente.

Il mistero del nome sbagliato

L'ultima cosa che dissi prima di essere lanciato giù dal letto fu: "Anzi no, aspetta! Ti chiami Josephine!"

Il mistero del fiore di carta

Quando il portalettere suonò mi stavo godendo la vista dei tetti di Parigi dalle finestre del mio ufficio. Non che si vedesse molto. Stavo cercando di appurare se una certa macchia grigia in lontananza facesse parte del Notre-Dame, dell'Università o del vetro stesso. Ma, come ho detto, il portalettere suonò.

"Sì?" gridai lungo la tromba delle scale. Mai avuto il citofono.

"Signor Baguette, posta!"

"Portatemela su, sono molto occupato!"

"Col cavolo!"

Il portalettere del quartiere latino non è mai stato simpatico, ma avreste dovuto vedere il suo predecessore. La volgarità fatta persona. Questo, almeno, diceva 'cavolo'. Non so se mi spiego.

Scesi le scale fino al portone. Sul pavimento, imbrattata di neve sporca, c'era una lettera. La portai in ufficio e la esaminai alla luce della lampada da tavolo.

Il padrone di casa non poteva essere. Avevo ricevuto una sua raccomandata solo una settimana prima. Personaggio avido, privo di pazienza. Ma non era il suo stile. La busta, intendo. Pareva roba di classe, di un certo colore violetto.

Una donna.

Conoscendomi appena un po', non ci sarebbe stato nulla di strano. Ma, conoscendomi meglio, invece sì. Le mie ganze non mi hanno mai inviato lettere in buste colorate. Una volta una certa Francy mi piantò un coltello nel portone con una forza da svellerlo, e sotto il coltello un biglietto che diceva soltanto…

Lasciamo perdere. Le ho perdonato sia l'insulto sia il conto del carpentiere.

Annusai la busta. Certo, era stata toccata da molte mani, ma un certo profumino resisteva. Non a caso sono il miglior naso di

97

Parigi. Chiunque avesse spedito quella busta violetta non aveva lesinato sulla qualità della carta e si era dato la pena di profumarla. La cosa mi puzzava.

Un investigatore privato in gamba ha sempre molti nemici. Io ne avevo moltissimi, di conseguenza. Ogni dettaglio diverso dal solito metteva in allarme i miei sensi come quelli di un animale da preda.

Un'idea mi balenò. Se avessi letto il nome del mittente avrei scoperto chi me l'aveva inviata. Ho troppa esperienza di misteri per non sapere che, spesso, la spiegazione più semplice è quella esatta.

Il mittente era:

Marchesa Joie De la Pipusse, Av. Maritime 101,
Antibes Juan-les-pins, Francia.

Una marchesa. Con domicilio in costa azzurra. La faccenda mi piaceva sempre meno. Cosa avevo a che fare io con il bel mondo? Poteva essere una trappola. Lo era di certo. Il mio intuito non ha mai fatto cilecca.

Rigirai la busta. Diceva così:

all'attenzione di Sua Eccellenza il Conte A. J. Baguette,
Av. Napoleon 4, Parigi, Francia.

A parte il titolo di conte e la via sbagliata, ero proprio io. Quanto all'indirizzo, doveva trattarsi di un errore banale. Il mio precedente ufficio si trovava in rue Naples: tra Naples e Napoleon non è difficile fare confusione. Specialmente per gli uffici postali di Parigi, per non parlare del portalettere in servizio al quartiere latino.

Più dura da mandar giù era la faccenda del conte. Decisi di aprire la busta. Prima però mi alzai e chiusi la porta a chiave. Non è da tutti sentirsi al sicuro chiudendo una serratura rotta. Raccattai la Beretta dalla scrivania e me la infilai nella fondina. Finalmente mi sedetti e aprii la lettera misteriosa. Diceva:…

"Baguette!"

"Chi è?" gridai.

La signora Corbusier del terzo piano faceva capolino dalla porta del mio ufficio.

"Guardate che c'è posta per voi. È passato il portalettere. Ma che c'è? Vi ho spaventato?"

Spaventato, io? Non mi conosceva.

"Chiudete la porta, signora, ho da fare," dissi. Mi rialzai e rimisi a posto la sedia. Maledetta signora Corbusier.

La lettera era scritta a mano:

Ill.mo Conte Baguette, mio caro,

voi volete proprio darmi un dolore. Perché insistete a mortificarmi con la vostra assenza? Il mio salotto sembra opaco senza di voi, non fingete di non saperlo. Ah, come risplendeva, invece, fino a pochi mesi fa, della luce intensa di una conversazione superiore! Ora la stella più brillante ha abbandonato il mio firmamento e la notte, credetemi, è la più buia che si possa immaginare. Credete forse che mi diverta, giocando interminabili canaste con il Principe Bimbaud? O pretendete che trovi sopportabili i pettegolezzi, sempre insipidi, della D'Antan e di M.me Bruscolin? Basta! Non serve dire altro: siete voi che non potrete giustificare più a lungo il vostro esilio, non è mio l'onere di scongiurarvi. Ma lo faccio tuttavia, per l'amicizia di cui avete voluto farmi indegno oggetto, amicizia che ora insopportabilmente mi manca.

Venerdì prossimo, come ogni anno dopo le feste natalizie, darò un piccolo ricevimento per gli intimi. Non fatemi il torto di disertarlo, proprio a me che ho l'onore di dichiararmi,

signore,

la vostra amica devota

Marchesa Joie De la Pipusse.

Alla missiva era allegato un piccolo cartoncino di invito. Rilessi la lettera tre o quattro volte, la girai e la rigirai ma non era scritto nulla più. E non mi sbagliavo, la carta era decisamente profumata. In questi frangenti, la prima cosa da fare è versarsi tre dita d'acquavite. Tranguriare acquavite mi aiuta a riflettere. Non appena smisi di tossire guardai fuori della finestra. Aveva ripreso a nevicare, una neve grigia come il cielo di Parigi. O come i miei vetri, forse.

Ora, i casi erano solo due. Primo caso: ero vittima di uno scherzo stupido. Ma deve ancora nascere l'uomo o la donna con tanto fegato da menarmi per il naso. A parte Francy, s'intende. Secondo: si trattava di un'esca. Qualcuno voleva attirarmi in costa azzurra. Ma chi? Perché? Per farmi la pelle Parigi andava altrettanto bene di Antibes Juan-les-pins.

Ormai mi conoscete. C'era una vocina nel mio orecchio che mi diceva di raccogliere la sfida, ed era la vocina del signor Beretta. Non so se mi spiego.

Il venerdì successivo ero sul treno per Antibes Juan-les-pins.

Scesi dal treno che era già buio e la cosa mi garbava. Lo sapete: detesto le giornate di sole. Devo avere antenati inglesi. Fuori della stazione di Antibes mi accolse la costa azzurra con le sue palme e il suo sentore salmastro. Nell'aria nera, potevo sentire le nubi pesanti premere sul taxi che mi accompagnava in Avenue Maritime. Forse avrebbe nevicato. Almeno, così sosteneva il tassista.

I tassisti di tutto il mondo hanno un carattere singolare, io li conosco molto bene. Detestano il denaro. Spesso, per non offenderli, metto in atto il vecchio trucco dell'indirizzo sbagliato. Si dice al pover'uomo di aspettare un momento, si entra in un condominio a caso con la tecnica del portalettere algerino, si esce dal retro e senza essere visti si raggiunge infine... Insomma, è ormai un vecchio trucco: decisi che non avevo tempo per questi giochetti.

"Ma non c'è nemmeno un condominio lungo questa maledetta strada?"

"No, Monsieur, sono tutte ville."

Al numero 101 di Avenue Maritime, una specie di reggia con le finestre illuminate si intravedeva dietro un cancello smisurato. Se la ganza che mi aveva scritto l'invito era padrona di quel castello, la cosa era più grossa di quanto non immaginassi. Non che ciò mi spaventasse. Mi conoscete.

Una padella di ottone recitava: "Marchesa J. De la Pipusse". Stavo per suonare al campanello, ma all'ultimo secondo ci ripensai. Poteva trattarsi di una trappola. Da un piccolo cancello laterale mi intrufolai nel giardino. Prima di annunciare la mia presenza preferivo sbirciare da una finestra della villa. La prudenza non è mai troppa.

Non avevo fatto che pochi passi sul vialetto, quando ebbi la sensazione di essere spiato. Ma il buio pesto di quel giardino non mi permetteva di vedere nulla. Gli occhi si abituarono pian piano all'oscurità: una sagoma, a pochi metri da me, si mosse. A giudicare dalle dimensioni doveva essere un cavallo. Il cavallo ringhiò guardandomi con due lampadine da cento watt. Probabilmente era piuttosto un cane, e non di piccola taglia: me ne intendo.

Di fronte a un molosso che vuole azzannarvi, non dovete mai perdere la calma.

"Dio mio!" gridai. Funzionò.

Annichilito dalla mia autorità, il mastino mi si fece da presso per farsi accarezzare. Aveva i denti scoperti: nei molossoidi, si tratta di un riflesso involontario che rivela giocosità e buon carattere. Feci finta di nulla e provai a proseguire, ma lui voleva giocare con la mia gamba. Gridai "Aiuto!" per distrarlo.

Ci so fare, con gli animali. Lasciò andare subito la mia gamba e mi afferrò con i denti il bavero della giacca. Ancora pochi minuti e non avrei più avuto un abito coordinato. Non potevo permetterlo. Gli infilai in bocca il braccio destro. È una tecnica che ho imparato nella Legione. Impegnato a masticare il braccio, avrebbe lasciato stare il bavero. Dato che cominciavo ad annoiarmi, mi feci venire un'idea per liberarmi dello scocciatore: gettai lontano alcuni brandelli di camicia. Il botolo sputò il mio braccio e per un attimo fu indeciso se inseguire la camicia o continuare a sgranchirsi i denti. Colsi quell'attimo e mi precipitai verso la porta della villa. A un ricevimento si deve sempre arrivare puntuali. Il cucciolo non era d'accordo e mi rincorse. Ma, come al solito, avevo calcolato bene i tempi.

"Igor!" tuonò una voce sopra di me. Il cane si fermò.

In cima a un'imponente rampa di gradini si apriva una porta illuminata. Un tizio vestito da pinguino mi guardava. Forse il cane era suo. Dopo avermi squadrato dalla testa ai piedi, mi disse secco: "Tu chi sei? Che vuoi?"

"Buonasera," dissi, "mi chiamo Baguette. Ecco il mio biglietto di invito." E gli allungai il cartoncino profumato.

"Il conte Baguette? Voi?"

"Lo so, amico mio, la faccenda puzza. Ma ne verremo a capo, in un modo o nell'altro." Gli scivolai accanto ed entrai. Non potevo passare la mia serata a discutere con un pinguino. Non appena misi piede all'interno mi resi conto che quello non era il mio ambiente. Troppo chic, non so se mi spiego.

Enormi dipinti riempivano le pareti ricoperte di carta con fregi d'oro, pareti che si curvavano a formare un altissimo soffitto a volta. Un lampadario accecante, il passaggio di valletti in livrea e la magnificenza dell'insieme, trasmettevano perfino a un duro come me l'immagine del vero lusso.

Una vecchia carampana mi venne incontro. Sembrava molto sorpresa di vedermi. Credo che non apprezzasse il mio abbigliamento. Nel frattempo il pinguino mi aveva raggiunto. "Charles," gli disse la carampana, "volete avere la bontà di dirmi chi è questo signore?"

"Baguette," dissi.

"Signora marchesa," rispose il servo, "il signore si è presentato come il conte Baguette, anche se, in verità…"

Gli occhi della madama si illuminarono, il suo volto cambiò espressione. Un po' come quando sopra Parigi si dissolve la nuvola maligna. So che avete capito.

"Mio caro Baguette! Ma che avete fatto? Siete, come dire? trasformato! Non vi ricordavo così smagrito… no, non dite niente!" esclamò, perché stavo per dire che non avevo il piacere di conoscerla. "Non dite niente, ho capito! Ecco spiegati i vostri mesi di latitanza… Poi ci direte chi è il mago del bisturi che ha potuto fare tanto! Ma prima accomodatevi, santo cielo. Charles, prendete il mantello del conte, su."

"Veramente è la camicia," dissi. "Stavo giocando col cane, e…"

"Oh, che birbante siete, Baguette," Mi guardò con aria sognante; chiocciò per un'ultima volta "Ringiovanito!" e sparì tra i damerini.

Rimasto solo con il servo, cominciai a raccogliere informazioni. Non confondo mai il piacere con il lavoro ed ero lì per un motivo ben preciso. Scoprire chi mi aveva attirato a quel ricevimento e perché. Ma quel pinguino era più scemo di quanto pensassi, oppure aveva la bocca cucita. Riuscii soltanto a sapere che nessuno degli invitati veniva da Parigi. Erano tutti, a sentir lui, esponenti della nobiltà locale. Antibes, Cannes, al massimo Montecarlo.

Decisi di andare in ricognizione. Il salone era davvero sfavillante. Non solo di luci, non so se mi spiego. Alcune di quelle dame non avrebbero sfigurato nella rosticceria del signor Hong. Tutta roba di classe. Non mi dispiaceva che molte di loro mi guardassero con insistenza. Probabilmente non avevano mai visto un vero gentiluomo.

Il salone dava su un'altra stanza, se possibile più ampia e luccicante. Qui, piccoli gruppi di damerini erano riuniti in conversazione, o seduti a piccoli tavoli rotondi per qualche gioco di carte che non riuscii a identificare. Già che c'ero approfittai del buffet: non ingerivo cibi solidi da molte ore. Fui sorpreso di non trovarvi germogli di soia. Notai però subito un grande piatto, pieno di piccole palline nere e lucide. Credevo che negli ambienti chic si curasse di più la pulizia. Presi il piatto e lo svuotai in un vaso da fiori. Lo so, quel lavoro spettava alla servitù, ma io sono fatto così.

Fermai un cameriere e gli dissi che avevo sete di acquavite. Sembrava molto interessato alla mia camicia.

"Acquavite, signore?"

"Sì, caro, oppure del cognac."

"Vi porto subito il cognac, signore."

Guardai fuori dalle grandi vetrate. Su Antibes Juan-les-pins si stava abbattendo una nevicata furiosa. Così, non avrei avuto nostalgia di Parigi.

All'improvviso si spensero tutti i lampadari. Una dama nitrì: "Ih, la luce!"

Io portai istintivamente la mano al ferro. Qualcosa non quadrava. Ci furono due o tre minuti di agitazione generale. Entrarono alcuni servi armati di candelabri che giudicai d'argento. "La corrente è saltata in tutto il quartiere, signori," annunciò Charles con molta flemma. Quel servo mi piaceva sempre meno.

Devo dire, per amor di verità, che tutte quelle candele conferivano alla grande sala un'aria di fascino. Non che a me importasse, si capisce. Ma era quel tipo di atmosfera che agevola le relazioni personali. Non so se mi spiego. Infatti un'aristocratica, che a giudicare dal vestito poteva essere una baronessa o giù di lì, discese da un largo scalone e mi abbordò. Era la principessa Jdragfowitz-Chamembert. Sosteneva di avermi già incontrato a casa dei baroni Traverton. Solo che mi ricordava diverso.

Riconobbi che in effetti l'uomo che aveva davanti era molto diverso dal conte Baguette di una volta. La pollastra faceva la svenevole per sedurmi. Conosco le loro tattiche, ormai. Ma qualcuno interruppe il nostro flirt. Peccato. Riconosco un buon inizio.

Mi era sembrato di udire un urlo soffocato. Da qualche parte nel salone, alla luce fioca delle candele, qualcuno esclamò: "Chi ha gridato?" Ecco che si udì distintamente un altro grido di donna, acuto. Pareva provenire dal piano superiore. Un silenzio attonito scese sulla villa. Il mio intuito infallibile mi diceva che qualcosa di serio doveva essere successo. Fui il primo a scuotermi dalla sorpresa. Feci a tre a tre i gradini dello scalone che conduceva su un ballatoio. Qualcuno dei presenti mi seguì. Una cameriera uscì da una porta sul ballatoio. La poverina era sconvolta.

La presi per le spalle. "Che è successo?" Pareva un uccellino spaventato.

"La marchesa… la marchesa…" riuscì a balbettare la ragazza prima di svenirmi tra le braccia. La adagiai dolcemente sul pavimento e misi mano al ferro.

"State indietro!" dissi ai damerini che mi avevano seguito. Solo allora, credo, realizzarono che non ero affatto un conte. Del resto, come avrebbero potuto immaginarlo?

Mi avvicinai come una lince alla porta aperta. Sembrava dare su uno studio. La luce di una candela tremolava all'interno. Mi arrischiai a sporgere la testa oltre lo stipite. Qualcuno giaceva sul pavimento. Alla fioca luce mi parve una donna. Se di omicidio si era trattato, l'assassino poteva trovarsi ancora nella stanza. Feci ancora un passo. Ora potevo vedere la vittima.

Santo cielo!

Era la marchesa De la Pipusse. Una larga macchia scura si allargava sotto la sua testa, su un tappeto persiano. Ho troppa esperienza per non riconoscere un cadavere, quando lo vedo, per non parlare dei tappeti persiani. Con cautela entrai nello studio. Era deserto, fatta eccezione per il corpo della marchesa.

Charles, entrato dopo di me, si chinò a tastarle il polso. Io temetti per il responso di quell'esame: non mi piace sbagliarmi. A un segugio del mio calibro la prima occhiata deve bastare.

Charles alzò lo sguardo: "Morta!" esclamò.

"Meno male," dissi io toccandomi la fronte.

"Morta!" la parola serpeggiò lungo il ballatoio e giù per le scale.

"Signori, attenzione!" dissi, fermo sulla porta dello studio. "Fate attenzione! Ascoltatemi!"

Il brusio sul ballatoio si placò, dal piano terreno venivano voci di isterica sorpresa.

"Mi chiamo Albin Baguette," continuai, "sono un investigatore privato. Mantenete la calma, prego. Se qualcuno ha un telefono cellulare, chiami la polizia."

"Ci sto provando, signore," mi disse un damerino, "ma non c'è campo."

"Con questa nevicata, non mi stupisce," risposi. "Come vi chiamate, signore?"

"Sono il Marchese Marras."

"Continuate a provare, marchese. Va bene, signore e signori. Vi chiedo di ritornare al piano terreno e di non perdere le staffe. Ne ho visti di cadaveri, nella mia attività professionale. Uno più, uno meno. Voi, Charles, venite con me, avrò bisogno del vostro aiuto."

Rientrai nello studio, feci cenno al servo di seguirmi e chiusi la porta. Mi guardò. "Lo sospettavo, che non foste il conte Baguette! Non vi ho mai creduto!"

"Sciocchezze," dissi, "aiutatemi piuttosto. Portate qui quel candelabro. Ecco, così, avvicinatelo al cadavere."

"Ma che cosa state cercando, signore?"

"Ancora non lo so. Avete idea di chi possa essere stato? Sembra che sia stata colpita con un oggetto lungo e sottile. Vedete la ferita sulla tempia? È molto nitida. Me ne intendo."

"Un oggetto, signore?"

"Sì, come un attizzatoio, per esempio."

"Un attizzatoio, signore?"

"Il mio intuito non sbaglia mai, Charles. Vedete qui, accanto al corpo? C'è della cenere. E come è finita qui, se non portata da un attizzatoio? Inoltre nell'angolo della stanza vedo un camino.

Ma ho notato subito che dalla rastrelliera degli attrezzi manca proprio l'attizzatoio. È da questi piccoli dettagli che un buon investigatore ricava informazioni essenziali."

"Molto interessante, signore. E ora che si fa?"

"La prima cosa da fare, Charles, sarebbe versarsi tre dita di acquavite. Ma, date le circostanze, ne faremo a meno. Non è da tutti. Col vostro aiuto, voglio cercare su questo tappeto un indizio, un'indicazione, qualsiasi cosa che ci aiuti a capire che cosa può essere successo."

"Ma che indicazione potrebbe mai esserci, signore?"

"Per esempio, Charles, che cos'è quel foglietto accartocciato, vicino alla mano della marchesa?"

"Dove, signore?"

"Spostate quell'attizzatoio sporco di sangue e lo vedrete anche voi. Ecco, proprio quello. Datemelo, per favore."

Era uno strano foglio di carta spiegazzato. Lo aprii e lo appiattii sul palmo della mano.

"Venite alla scrivania con le candele, Charles. Fatemi luce, grazie."

"Che cos'è, signore?"

"Ma è quadrato! Questo è interessante!"

"A me sembra cosa di nessuna utilità, signore."

"Lo dite voi, Charles. A volte le cose non sono affatto prive di inutilità come sembrano. Non so se mi spiego. Guardate un po' questi strani solchi sulla carta. Sembrano fatti di proposito."

Si trattava di un foglio di carta quadrato, come ho detto, di colore bianco. Circa quindici centimetri di lato. Anche se il servo non vedeva la stranezza, io ne fui colpito. Non è frequente imbattersi in un foglio perfettamente quadrato. Rettangolare, sì. Allungato, da lettera, sì. Piegato a formare una busta, sì. Un piccolo cartoncino da visita, sì. Ma quante volte avete maneggiato un foglio quadrato?

Ecco come si presentava il foglio, solchi compresi.

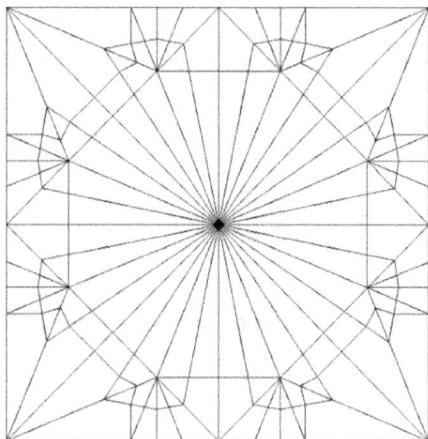

Lo rimirai a lungo, infine dissi: "Molto strano. Sentite, Charles."

"Sì, signore?"

"Ho bisogno di parlare con le persone più intime della marchesa, una alla volta."

"Più intime?"

"Ma sì, mi avete capito. La vecchia ciabatta sarà pure stata la ganza di qualcuno, no?"

"Signore!"

"Ma non intendo solo l'amichetto. Anche le bambole che le erano più vicine. Quante saranno?"

"Non saprei, signore. Mi vengono in mente quattro o cinque nomi solamente. Tutti gli altri signori ospiti vedevano la marchesa una volta l'anno sì e no."

"Benissimo. Radunate quei quattro o cinque nomi e portatemeli qui."

Il servo uscì e restai solo a rimuginare. Tra poco qualcuno avrebbe avuto la balzana idea di uscire nella tormenta per andare alla polizia. Dovevo risolvere quel caso prima che ciò accadesse. Ormai mi conoscete.

Che cosa poteva significare quel pezzo di carta? E quelle pieghe trasversali e longitudinali? Eppure, una spiegazione poteva esserci. Ardita, ma pur sempre possibile. Misi la testa fuori dall'uscio.

"Charles!"

"Signore?"

"Vorrei vedere per prima la cameriera della marchesa."

La cameriera era la stessa che aveva trovato il cadavere. Non appena entrò nello studio, fu chiaro che aveva un debole per me. "Scusate, signore," esordì, "ma non sarebbe meglio aspettare la polizia? Non mi ispirate molta fiducia, scusate se ve lo dico."

"Signorina, siete molto scossa e sragionate. Devo farvi una sola domanda. La vostra padrona si divertiva a piegare figurine di carta? Pensateci bene."

"Figurine? Sì, realizzare fiori di carta era la sua passione. Siete cieco? Non vedete che in ogni cornice appesa al muro c'è..."

"Proprio come sospettavo," la interruppi, "ma bastava un semplice sì. Andate pure."

Le parole della ragazza rafforzarono una teoria che stava prendendo forma nel mio cervello. Per confermarla avevo bisogno di interrogare quei damerini. Presi in mano quel dannato foglio quadrato. Ho una certa esperienza di *origami*, l'arte giapponese di piegare la carta. Ero il migliore, nella Legione Straniera.

Dissi a Charles di mandarmi nello studio prima gli uomini, uno alla volta.

Il primo della fila era il marchese Marras. Gli feci poche precise domande. Era scapolo. Nobile ma non di sangue reale. Nessuna parentela con nobili di sangue reale. Conosceva la marchesa da molti anni. Nessuna nozione di piegatura della carta. Non aveva alcun sospetto su chi potesse essere l'assassino e nessuna idea sul movente. La marchesa non aveva nemici, secondo lui.

Il secondo damerino era il conte Aplomb de la Mer. Sposato: peggio per lui. Amico intimo della marchesa. Non di sangue reale. Un suo lontano cugino, a sentir lui, discendeva da Maria Antonietta. Gli mostrai il foglio, non aveva idea di che cosa fosse.

Il terzo era una specie di gigante impettito. Duca de la Martin-Marceau. Domiciliato a Cannes. Rendita piuttosto alta. Aveva certi remoti parenti di sangue reale, uno dei quali pretendeva di rampollare in via diretta da Luigi XVI. Conosceva l'arte dell'origami, ma senza andare più in là d'una barchetta. Dilettante.

La prima damerina era una carampana inamidata. Duchessa Du Champoluc, residente nel principato di Monaco. Ereditiera di grossa rendita. Nobile dell'ultima ora: non poteva esibire documenti araldici precedenti alla Restaurazione. Per questo perennemente altezzosa e con un cruccio da nervo scoperto. Non so se mi spiego.

Per seconda entrò la bambola che mi aveva abbordato al buffet. La principessa Jdragfowitz-Chamembert. Sangue reale certificato, da parte di entrambi i genitori. Il padre diretto discendente dei reali di Francia, la madre imparentata con certi nipoti degli Zar. Sventola niente male, araldicamente parlando. Viveva a Cannes. Amica di vecchia data della defunta marchesa. Non disponibile a condividere con me il numero di telefono. Totalmente a digiuno di origami. Sapeva però che la marchesa ne era appassionata.

La terza e ultima era una ganza originale, dell'età apparente di oltre cento anni, la contessina De la Croix. Ricca e annoiata, non rispose alle mie domande. Si limitò a ridacchiare e a dichiarare la propria innocenza. Credo che fosse convinta trattarsi di un trastullo di società, di uno scherzo organizzato dalla marchesa. Forse pensava che ora la padrona di casa si sarebbe alzata ridendo e avrebbe ripreso a giocare la canasta.

In tutto erano sei, non sospettavo affatto della servitù. Un servo avrebbe compiuto il delitto in altro momento, le opportunità non sarebbero mancate. Ma quegli ospiti avevano poche occasioni di vedere la marchesa. Ero convinto che proprio uno di loro avesse maturato l'insano proposito. Non ero certo che il delitto fosse premeditato, ma era stato compiuto sicuramente da uno di quei sei aristocratici.

E io sapevo da chi.

Charles bussò alla porta dello studio. "Signore, è tornata la linea telefonica. Stiamo avvertendo la polizia."

"Bene, Charles, ma non ce ne sarà bisogno. Datemi un minuto, poi fate entrare tutte e sei le persone che ho interrogato."

Non c'era più tempo. Avevo in mano il foglio quadrato. Finalmente sapevo come piegarlo, sulla base delle tracce già eseguite dalla marchesa. Sapevo anche quale oggetto sarebbe emerso.

La povera De la Pipusse era stata colpita con l'attizzatoio e sulle prime aveva perso i sensi, tanto da sembrare morta. Ripresasi, aveva avuto lo spirito di usare quella sua abilità, l'origami, per indicare l'identità dell'aggressore. Forse aveva impiegato un minuto. Poi, nel timore che l'oggetto di carta fosse scoperto e distrutto dall'assassino, l'aveva dispiegato lei stessa. Sapendo però che le pieghe sarebbero rimaste visibili sulla carta come una sentenza. Infine, a causa della terribile emorragia, era spirata.

Confidando nella mia impareggiabile tecnica cominciai a piegare quel foglio. Quando Charles bussò dicendo "Siamo pronti, signore," l'origami era completato. Non è da tutti.

Con un lembo di tappeto coprii il cadavere, poi li feci entrare nello studio. Mi posizionai di fronte ai sei nobili, Charles al mio fianco, l'origami dietro la mia schiena. "Signore, signori," dissi, "questo oggetto è stato trovato tra le mani della povera marchesa. Volete per favore guardarlo e dirmi che cosa ne pensate?"

Dischiusi lentamente le mani che celavano l'origami sotto il naso del duca de la Martin-Marceau. Gli domandai: "Che cosa vi sembra?" "Un giglio!" rispose.

Al marchese Marras: "Marchese, che cosa vi sembra?" "Un fiore di carta."

Alla marchesina De la Croix: "Che cos'è?" "Ma sì, è un giglio! Bello!"

Al conte Aplomb de la Mer: "Che cos'è, signor conte?" "Confermo, pare un giglio."

Alla duchessa Du Champoluc: "Madame, la vostra opinione?" "Non me ne intendo ma mi sembra un fiore, signore."

Durante questo interrogatorio la principessa Jdragfowitz-Chamembert si era fatta via via più inquieta. Guardava la porta e sembrava sudare parecchio. La guardai, finalmente. "Volete dare un'occhiata anche voi, Madame? Che ne pensate?"

Mi aspettavo che la sua reazione fosse veloce e violenta. Non mi deluse.

Con un colpo sotto le mie mani fece volare in alto il giglio di carta e, nell'attimo di stupore generale che seguì, si lanciò fuori della stanza. Naturalmente ero pronto. "Charles! Fermatela! È lei!"

Il pinguino era più svelto di quanto potessi sospettare. Con uno scatto fulmineo si lanciò all'inseguimento e bloccò la principessa a metà dello scalone. Lo raggiunsi anch'io e mi guardai intorno. Il salotto giù, alla luce fioca, sembrava l'oscuro mare di Antibes, nel quale i damerini ondeggiavano in preda all'inquietudine. Poi un imperioso bussare e voci concitate nel giardino. Il portone principale si aprì facendo comparire cinque sei sbirri con le insegne della Gendarmerie. Altri sbirri entrarono poi dopo questi, come una fiumana, e i loro cappelli fendettero la calca degli aristocratici. Charles mi guardò un momento e scese gli scalini con la principessa, la quale teneva la testa reclinata e non opponeva la minima resistenza. Pareva un burattino, non so se mi spiego.

In quel preciso momento, la luce elettrica ritornò ad impadronirsi dei lampadari sbrilluccicanti e delle lampade di cristallo posate sui tavoli. Peccato. Cominciavo ad apprezzare l'atmosfera languida delle candele. Non che l'atmosfera languida faccia per me.

Il marchese Marras mi si avvicinò. "Ma come facevate a saperlo?"

"Non è stato difficile, signore. Quando ho trovato quel foglio ho capito subito che doveva trattarsi di un origami dispiegato. Ed essendo sporco di sangue, doveva essere stato maneggiato dalla vittima pochi istanti prima della morte. Ne ho avuto la certezza quando la cameriera mi ha rivelato che la marchesa faceva 'fiori di carta'. Signor marchese, in questa casa ho visto stasera più nobiltà di quanta non ne abbia mai veduta nel quartiere latino, e perfino nella pizzeria Da Giulio. Ma c'è solo un fiore che io collego alla nobiltà francese. È il giglio: il simbolo dei reali di Francia. Quando ho piegato quel foglio seguendo i solchi tracciati dalla marchesa, ed è comparso un giglio, ho capito. L'unica persona ad appartenere alla casa reale è la principessa Jdragfowitz-Chamembert. Me l'ha detto proprio lei, nel nostro colloquio. La povera marchesa, in punto di morte, sapeva che solo piegando un giglio ci avrebbe rivelato il nome della sua carnefice. Naturalmente ci voleva il mio intuito, per mettere insieme tutti gli elementi."

"È straordinario."

"Lo so."

"Ma… perché? Perché l'ha uccisa?"

"Marchese, questa è una domanda la cui risposta lascio volentieri alla polizia. Anche se una teoria ce l'ho." E l'avevo davvero. Ho troppa esperienza di delitti passionali per non conoscere la forza della gelosia. Per non parlare della mia amica Francy; ma questa è un'altra storia.

Durante il ricevimento, avevo notato la principessa Jdragfowitz-Chamembert salire le scale, seguita dopo pochi minuti dalla marchesa. Solo che la marchesa non era più ricomparsa nel salone. La principessa sì, invece, e mi aveva subito abbordato con un duplice scopo. Primo, stare accanto a un vero duro; e secondo, crearsi un alibi per quando il cadavere della marchesa sarebbe stato scoperto.

Lì per lì non avevo dato peso al fatto che due dame salissero una scala e solo una ne discendesse. Perché mai avrei dovuto? Solo dopo il delitto questo dettaglio mi era tornato alla mente. Sì, ma tutto questo che c'entrava con il movente? Santo cielo, abbiate pazienza.

Avevo il sospetto che un certo conte Baguette arrivato da Parigi avesse un ruolo nella faccenda. Mettete un conte molto affascinante e due donne innamorate nella stessa villa di Antibes e tutto potrà succedere. Stavano discutendo su chi delle due avesse il diritto di sedurmi. Una era la padrona di casa, ma l'altra superiore per nobiltà. Forse la discussione era uscita, per così dire, dagli argini. Non sarebbe la prima volta. Ho visto donne uccidere per uomini da meno.

Per avere la certezza della mia tesi avrei dovuto parlare con la principessa. Cosa un po' difficile, essendo la bambola nelle mani della polizia. Per la precisione, si trovava in un angolo del salotto attorniata da un plotone di agenti. Poverina! Non avrebbe mai più potuto abbordarmi. Il destino era stato crudele con entrambe le dame. Non saprei dire con quale delle due di più.

Charles uscì dalla cerchia degli sbirri e mi si avvicinò. "Signor Baguette, permettete? Volevo dirvi che la polizia ha scoperto ora il movente di questo orribile delitto."

"Era ora," dissi. Dilettanti della costa azzurra.

"Sì, ed era nascosto in una tasca interna dell'abito della principessa. I gioielli della signora marchesa."

Me l'aspettavo. "I gioielli?"

"Signor Baguette, vi prego: non fate quegli occhi! Mi spaventate! Vedete, non sempre un aristocratico è, diciamo, dotato di mezzi. Tutti sapevano che la principessa si trovava in acque non buone: se posso esprimermi così, signore. Ha confessato di essere salita nello studio della marchesa per sottrarre i gioielli. Sapeva bene dov'erano; la marchesa riponeva in lei totale fiducia. Quando la mia padrona l'ha scoperta, ha perduto la testa e l'ha colpita. Guardate, la portano via."

E la portavano via, infatti. La guardai passare. Povera principessa Jdragfowitz-Chamembert, a testa bassa, i polsi ammanettati. Quale menzogna hai architettato, mia cara! Ti sei perfino macchiata di un volgare furto per mascherare la tua passione!

Sbirri salivano e scendevano dalla grande scala, sciamavano attraverso i salotti, scattavano fotografie, radunavano quei damerini in un angolo, dove un capitano li interrogava uno ad uno. Come era triste, la villa della Marchesa de la Pipusse in quel momento! Dov'era finita la luce romantica dei candelabri? Dov'era il contegno discreto dei domestici, i quali ora invece si slacciavano il colletto della camicia? Che fine aveva fatto il fascino delle ricche aristocratiche, che adesso imprecavano a bassa voce per la cattiva riuscita della serata, peggio delle ganze dell'Henry's di Saint Sulpice? Non avevo più nulla da fare, lì. Senza farmi notare dagli sbirri sgattaiolai fuori da quella dannata villa attraverso la finestra della dispensa.

È superfluo dire che nel giardino mi aspettava Igor. Tuttora ne reco numerosi e profondi ricordi.

Nemmeno tre settimane dopo l'avventura di Antibes Juan-les-pins, ricevetti una strana lettera. Ero al telefono con Sophie, la mia ganza numero uno, quando il portalettere suonò.

"Scusami, tesoro, hanno suonato. Potrebbe essere un cliente."

Oh, Albin, non riattaccare!

Riattaccai. Poteva essere un cliente.

"Chi è?" gridai lungo la tromba delle scale.

"Signor Baguette, posta!"

"Portatemela su, maledetto, portatemela su!"

"Col cavolo!"

Sul pavimento dell'androne giaceva una missiva insolita. Ritornai nello studio e la esaminai alla luce della lampada. Sembrava roba di classe. Emanava perfino un delicato profumo.

Mi versai un triplo cognac. Restai per diversi minuti a osservare le nuvole spiaccicate sui vetri. Alla fine, lessi il mittente sulla busta.

Duchessa Daphne Bourbon-L'Archambault,
Rue Armagnac 3, Lyon, Francia.

E il mio nome era sempre:

Sua Eccellenza il Conte A. J. Baguette,
Av. Napoleon 4, Parigi, Francia.

Maledetto portalettere. Sarebbe stato da pazzi ficcarsi in un altro guaio come quello di Antibes. Avevo conservato un certo giglio di carta macchiato di sangue nobile; infilato in una bottiglia di cognac, mi serviva da monito per il futuro. Ma la tentazione di aprire quella busta era molto forte. Mi conoscete.

Dalle finestre del mio studio non si vede molto di Parigi: si trova in posizione troppo centrale. Ma su quei tetti e tra quei comignoli ho spesso trovato la risposta alle domande più difficili. Anche a domande che non mi ero fatto; non so se mi spiego. Cominciai a scrutare. Il cognac in una mano, la busta e il tagliacarte nell'altra. Quando la notte finì, avevo deciso. Non è da tutti essere così risoluti.

La lettera era gialla e profumava di gelsomino.

Il mistero dello zafferano

Dal cielo del quartiere latino colava una pioggia grigia e fresca. Con Le Figaro a proteggermi la testa attendevo l'apertura della rosticceria del signor Hong. Detesto arrivare in anticipo e detesto aspettare, a meno che non sia per una ganza speciale. Ma ormai ero giù al lungofiume; non sarei tornato in ufficio prima di un pranzo caldo.

La pioggia insisteva. Mi riparai sotto il ponte di *** e diedi un'occhiata al giornale. Salto sempre le prime dieci pagine per andare dritto alla cronaca nera.

Mentre mi deliziavo con i crimini di Parigi il cellulare squillò.

"Signor Baguette?"

"M."

"Sì, buongiorno, sono Lazarre."

"E con ciò?"

"Signor Baguette, ci siamo sentiti questa mattina. Ricordate? L'appuntamento che mi avete dato."

"Signor Lazarre. Ma certo. Ero soprappensiero. Dove siete?"

"Sto arrivando. Rosticceria Hong, è giusto?"

"Già, sulla chiatta ormeggiata presso il ponte di ***. Sta aprendo proprio ora, mi troverete dentro. Io sono quello che innaffia germogli di soia con il cognac."

"Tra dieci minuti sarò lì."

Fu di parola: comparve nella rosticceria proprio mentre attaccavo i germogli. Capii che era lui perché non aveva l'aria di uno che frequenta certi locali, non so se mi spiego. Pareva invece una persona normale. Un cocco di mamma sui cinquanta con le orecchie arrossate e i baffi biondi. Aveva il fiatone. Si lasciò cadere su uno sgabello e, dopo avermi dato la mano, sbuffò: "Uh, quanti scalini! È la prima volta che scendo qui al lungosenna.

Non avevo mai notato che ci fossero luoghi a Parigi così… così… bassi!"

"Bassi, dite, eh? Signor Lazarre, come vedete sto mangiando, perciò parlate voi. In cosa posso aiutarvi?"

"Voi andate subito al sodo. Ma è giusto, è giusto. Il fatto è, signore, che la cosa è delicata."

"Lo è sempre. Sputate il rospo."

"Oh, il rospo, sì."

Sputare quel rospo fu una faccenda lunga e penosa. Cominciò a narrarmi la sua vita partendo dall'infanzia, che aveva passato a Grenoble o giù di lì. A un certo punto gli feci notare che il mio pranzo era finito e la mia pazienza anche.

"Il mio tempo costa, Monsieur Lazarre, e voi ne state abusando. Ora, c'è un motivo preciso per cui avete voluto vedermi o avevate solo voglia di chiacchierare un po'? Perché, se è così: addio, Monsieur Lazarre."

"Oh, no, aspettate un attimo! E va bene, si tratta di mia moglie. Oh, è una cosa così delicata!"

"Sì, l'avete già detto. Da quanto tempo vi tradisce?"

Le sue orecchie, che nel frattempo si erano schiarite, avvamparono. "Oh, no, Pauline non mi tradisce! No, signore, non è questo!" Dopo essersi guardato intorno continuò: "È solo che, negli ultimi tempi, si comporta in modo strano."

"Quanto, strano?"

"Si esibisce in un locale notturno come danzatrice del ventre e si fa chiamare *La perla d'oriente*."

"Sì, si comporta in modo strano."

"Oh, la cosa è cominciata quasi per gioco, signore. Circa due anni fa si è iscritta a uno di quei corsi di danza. Io ho provato a dissuaderla. Non mi sembrava un'occupazione adatta a una donna di trent'anni. È più uno svago per ragazzine, non vi pare? Ma poi me ne sono fatto una ragione. Ho pensato che si sarebbe stancata presto di un passatempo così bizzarro. E invece…"

"Non si è stancata."

"Bravo! E sei mesi fa (sì, eravamo in maggio) ha iniziato a esibirsi in questo luogo, che definire equivoco è poco! Diceva che così avrebbe guadagnato un po' di denaro e si sarebbe sentita utile. Che sciocchezza: noi non abbiamo certo bisogno di denaro!"

Lo guardai. "Non ne avete bisogno? Questo è interessante. Continuate."

"Oh, no. Quanto guadagno io è più che sufficiente. A Pauline non ho mai fatto mancare niente, in fede mia."

"Be', signor Lazarre, questo non mi sembra davvero un problema. Lasciate che vostra moglie lavori, se così le piace; che ve ne importa? Prima o poi si stancherà. Come diceva Shakespeare, la donna è mobile, non so se mi spiego. E voi siete venuto fin qui per raccontarmi queste stupidaggini? Signore..." dissi, cominciando ad alzarmi.

"Non è più tornata a casa!"

Mi bloccai a metà tra il ritto e il seduto: "Che volete dire?"

"Che dai primi di settembre... Oh, com'è imbarazzante parlarne... Sedetevi, vi prego... Ecco, Pauline non ha più passato una notte a casa. Di giorno viene qualche volta, sì, e mi giura nel tono più rassicurante che tutto va bene, che mi ama ancora, che non devo preoccuparmi. Dice che il nostro ambiente, così borghese, le toglie l'ispirazione per la danza. Che ha bisogno di stare per conto suo. Naturalmente ho preteso di sapere dove dorma, dove viva."

"Scommetto che abita presso un'amica, ma non desidera che voi andiate a trovarla perché l'amica le proibisce di ricevere visite."

"Signore! Ma questo è stupefacente! Ha detto proprio così! Voi come diavolo..."

"Lasciate perdere," lo interruppi, e mi girai a mezzo sullo sgabello. "Hong," gridai, "ho sete."

Feci un'espirazione profonda e guardai per alcuni istanti il povero Lazarre, le cui orecchie avevano di nuovo perduto il colore e i cui occhi denotavano un profondo sconforto. Me ne intendo.

Vicino alla mia scodella vuota uno sparuto germoglio di soia languiva. Probabilmente mi era scivolato dai bastoncini. Somigliava, biancastro e solitario, all'uomo che avevo di fronte. "Ascoltate, Lazarre," gli dissi pilluccando il germoglio di soia dal tavolo. Aveva un sapore rancido. In fondo, era possibile che non fosse scivolato dai miei bastoncini. Una volta la settimana Hong passava lo straccio sui tavoli; di più non si poteva pretendere. "Non faccio per vantarmi ma avete di fronte a voi il miglior segugio del quartiere latino, per non parlare di Parigi. Posso darvi le prove dell'infedeltà della signora in una sola settimana. Il mio onorario è di cento al giorno più le spese, di cui…"

Mi fermai perché lo strano cliente, le cui orecchie a un tratto avevano recuperato tutto il rossore iniziale, mi fissava ora con uno sguardo spiritato. "Che c'è?" dissi.

"Ma che avete capito? Oh, no, io non voglio le prove del suo tradimento! Ve l'ho detto, Pauline non ha un altro uomo!"

"Vedete, Lazarre…"

"Voi dovete solo riportarmela a casa, ecco."

"Già. E come dovrei fare, secondo voi? La rapisco e ve la consegno in un pacco postale? Andiamo, amico mio…"

"Provate a convincerla! A voi, che siete un professionista, forse darà ascolto. Oppure scoprite per quale motivo si comporta così. Non è da lei una tale follia. Forse è nei guai, forse qualcuno la costringe a questa condotta, forse… Oh, non so quel che sto dicendo. Insomma, ridatemi la mia Pauline, in un modo o nell'altro."

"Non funzionerà mai, Lazarre."

"Vi pagherò il triplo."

"Farò del mio meglio, signor Lazarre. Ma non vi garantisco niente."

"Oh, grazie, grazie! Ecco qui i primi seicento euro e il nome del locale."

Avevo un discreto bisogno di liquidi per colpa del signor Crobilles, il mio padrone di casa, uomo privo di pazienza e di umorismo. Tuttavia, alla vista delle seicento banane una sopra l'altra, non mi scomposi. Deve ancora nascere l'uomo capace di sorprendere Baguette.

"Ma voi piangete, signore! Che vi succede?"

"Non dite stupidaggini," risposi. "E ora sarà meglio mettersi al lavoro."

Senza salutare il pivello mi alzai, spalancai la porta della rosticceria e mi sollevai il bavero. La Senna grigia scorreva invitante sotto la chiatta del signor Hong. Pensai ai misteri che doveva racchiudere, nelle pieghe del fondo limaccioso, forse ancora più in basso.

La pioggia si era fermata ma la nube nera di Parigi era piena di promesse. Prima di ficcarmelo in tasca, lessi il nome sul bigliettino:

Le Tapir Volant – Night Club

Certo, quelle erano le seicento banane più facili della mia carriera. Con tre o quattro fotografie eloquenti avrei sbiancato per sempre le orecchie del povero Lazarre e chiuso un caso penoso, non so se mi spiego. Ma il mio mestiere mi ha insegnato che non si può mai dire. Con questi pensieri mi avviai sul lungofiume deserto. Man mano che mi avvicinavo al quartiere latino la nube discendeva. Credo che volesse cogliermi ancora per la via. Un attimo prima di chiudere il portone allungai l'occhio per vederla finalmente posarsi sui marciapiedi fradici. Nessuno potrà mai sapere dentro a quali anditi sotterranei si infilarono quella notte le sue molte braccia.

Il giorno dopo sistemai certi affari e, dopo cena, cominciai a lavorare al caso. Il quartiere di Pigalle mi ricordava gli inizi della mia carriera. A quei tempi lavoravo in uno studio spartano, piccolo ma ben ventilato d'inverno, dal quale avrei potuto quasi intravedere le luci del Moulin Rouge, se non mi fossi trovato al piano seminterrato. Non è da tutti.

Non conoscevo però *Le Tapir Volant*. A Parigi i locali nascono come funghi e spesso come i funghi hanno vita breve. Sul biglietto che Lazarre mi aveva dato c'era una piccola mappa: percorsi rue Clauzel fino al civico 3, dove trovai una porticina male in arnese. Era aperta, entrai in un angusto cortile poco illuminato. Mi guardai intorno ma non vidi che bidoni della spazzatura e biciclette, nessuna delle quali mi ispirava fiducia. Alla mia sinistra un oggetto mi incuriosì. Pareva una ringhiera, ma era così ingombra di vecchi cartoni e altre immondizie che dovetti avvicinarmi, e guardarla meglio, prima di accorgermi che da lì iniziava la sua discesa una scala ripidissima. Gettai gli sguardi verso le oscurità di quel cunicolo. Ne proveniva solo tanfo di cavolfiore e di gasolio. Sul muro spelacchiato che costeggiava la scala era stato inchiodato un pezzo di lamiera, sul quale forse campeggiava una scritta. Mi feci luce con il cellulare per leggere: *Le Tapir Volant – Night Club*. Una freccia verso il basso invitava a scendere nel budello.

Maledetto Lazarre. Mi tastai la Beretta sotto la giacca, diedi un'ultima occhiata intorno e cominciai a scendere.

La scala si rivelò più sdrucciolevole di quanto i miei passi fossero prudenti. Per fortuna, una ventina di gradini più in basso il cunicolo si allargava in una specie di pianerottolo. Questo arrestò la mia velocissima discesa. La caviglia destra mi doleva ma non pareva slogata. Ci vuole altro. Mi rialzai e provai a guardarmi intorno. Non si può dire che la luce fosse accecante. Un debolissimo lucore proveniva dall'alto mentre un ancor più debole riverbero si intravedeva in fondo a un'altra rampa di scalini. Mi aggrappai bene a quello che sembrava un corrimano e discesi anche questa scala, stavolta senza danni. Ma poco prima di raggiungere il secondo pianerottolo indovinai un figuro nell'ombra. Sganciai la sicura della fondina. "Chi è là?" gridai.

"Venite pure avanti, signore," disse.

"Cerco soltanto un night club, amico," replicai, avanzando con una certa cautela lungo gli ultimi gradini.

"L'avete trovato, signore."

Il figuro, alla luce slavata di un neon, si rivelò una specie di gorilla vestito da pinguino. Mi toccai la Beretta per istinto.

"Di qua, prego, signore: in fondo a queste scale," indicò col palmo aperto.

Guardai verso il basso. Anche se pareva impossibile la rampa infernale continuava, scomparendo nel buio dietro l'ansa di un pianerottolo. Fissai il gorilla e dissi: "Be', quanto bisogna scendere ancora?" ma, la sua espressione essendo impenetrabile, proseguii. Ora il passaggio era più largo e diventava più agevole man mano che scendevo. Anche la luce aumentava progressivamente, tanto che mi accorsi di poter vedere dove mettevo i piedi. Il rivestimento stesso degli scalini era integro e non c'era più bisogno di scavalcare sputi o carcasse di roditori indefiniti. Contai ben sei rampe prima di approdare in una stanza piccola ma bene illuminata. Sopra un muro dipinto di lilla, un'insegna al neon diceva: *Le Tapir Volant – Night Club*.

Accanto all'insegna, su una porta di legno di buona fattura ma chiusa, era una targa d'ottone: *ingresso riservato ai soci*.

Mi ritrovai faccia a faccia con un altro pinguino. Sembrava arabo o che so io. "Buonasera, signore," mi disse in francese corretto ma non privo di accento. Riconosco l'accento di quasi tutti i paesi. Quel pinguino era algerino o mi sarei mangiato la licenza da segugio. "Il signore è socio del club?"

"Veramente no," risposi, "ma non mi tratterrò molto. Sono qui per ammirare *La perla d'oriente*. Col vostro permesso..." Mossi verso la porta e il pinguino mi sbarrò la strada.

"Sono spiacente, signore," disse indicandomi la targa d'ottone, "come vedete l'ingresso è riservato ai soli soci."

Mi ero trovato altre volte in queste circostanze: non mi scomposi. Non avevo fatto tutti quegli scalini, strappandomi i calzoni alla prima rampa, per tornare indietro con un pugno di mosche. Decisi che sarei entrato in quel club, che al pinguino piacesse oppure no. E quando Baguette decide di fare qualcosa non c'è chi possa impedirglielo. Non è da tutti.

Presi un'aria di delusione e finsi di tornare sui miei passi. Ma subito, con uno scatto felino, schivai il pinguino e mi lanciai verso la porta. Il poveretto mi arpionò la manica della giacca: non sapeva con chi aveva a che fare. Se in gioventù non avessi studiato a fondo il *savate*, l'antica arte di combattimento da strada, non sarei mai sopravvissuto nel mio quartiere, per non parlare della Legione. Con potenza esplosiva lo colpii quasi con uno dei miei calci segreti di tallone. Terrorizzato dal mio gesto atletico il pinguino si piegò di lato, così riuscendo miracolosamente ad evitare il colpo, ma non gli rimase che afferrarmi la gamba. Mi fece ruotare come un cavatappi per non incappare nel mio gancio sinistro; io lo lasciai fare. Avrebbe presto assaggiato il mio montante destro. Invece di lasciarmi andare e darsi alla fuga, il tapino scaricò sul mio naso una scarica di diretti. Era la forza della disperazione. Uno di questi pugni riuscii quasi a schivarlo, e non è da tutti. Sempre con la gamba bloccata nella sua presa, lo centrai quasi con un pugno circolare dagli effetti devastanti. Ma lui aveva troppa paura per incassare: si fece scivolare accanto il mio colpo micidiale e, mulinandomi la gamba imprigionata come una mazza da cricket, produsse nel mio corpo un'accelerazione subitanea. Con la forza di un colpo di balestra fui lanciato verso la porta de *Le Tapir Volant – Night Club*. Era una mossa calcolata. Stavo sfruttando il terrore del mio povero avversario per sfondare l'uscio con la tecnica dell'ariete. E ci sarei riuscito, se la mira dello sfortunato fosse stata di poco migliore. Il mio cranio sbagliò quella maledetta porta di pochi centimetri. Produssi, è vero, una larga scrostatura nell'intonaco, ma ci voleva ben altro per fare breccia. Lasciai il pinguino con le mani sanguinanti e risalii la scala infernale. Sapevo che non avrebbe provato a seguirmi.

Dopo tutto, forse non era una buona idea farsi vedere dalla signora Lazarre. Avrei inventato qualcos'altro. Sarei tornato, oh, sì! Ma non con la faccia di Albin Baguette.

Impiegai il giorno successivo a preparare il mio travestimento. Giulio mi procurò della gommalacca e con questa, in ufficio, mi modellai il naso e gli zigomi. Incollai la barba finta con grande attenzione. Infine, Sophie mi pitturò la faccia con alcuni dei suoi trucchi. *Oh, Albin*, mi disse prima di andarsene, *non avrei mai pensato di prestarti il mascara! Come sei carino!*

"Ma tu," le risposi gelido "non hai un cliente che ti aspetta?"

Per completare l'opera mi abbigliai con ricercata eleganza. Mi guardai nello specchio: Sophie aveva fatto un buon lavoro. Nemmeno mia madre mi avrebbe riconosciuto.

A tarda sera, nonostante la serratura fosse rotta da anni, mi chiusi dietro le spalle la porta dell'ufficio e mi avviai. Ricambiai il saluto della signora Corbusier del terzo piano (che mi fece i complimenti per la barba) e mi affacciai sulla via. La serata si preannunciava gelida e umida. La nube era già calata verso i marciapiedi insinuandosi nei tombini e sotto i portoni. Con la metro raggiunsi il quartiere di Pigalle.

Varcai la porticina di rue Clauzel e mi appostai dietro un bidone dell'immondizia. Accanto a me, una montagna di verdure in decomposizione emanava un fetore del diavolo.

Avevo un piano per entrare nel maledetto *night club*. Mi serviva solo un involontario complice, che non tardò ad arrivare. Si trattava di un signore di mezza età, armato d'un gran mazzo di rose rosse e vestito elegantemente. Non quanto me, ma elegantemente. Era solo, e dunque la mia preda perfetta. Come un rapace mi portai alle sue spalle e lo colpii violentemente con il calcio della Beretta. Si accasciò tra le mie braccia e io fui lesto a trascinarlo dietro il cassonetto. Gli frugai nelle tasche e nel portafogli fino a trovare quel che cercavo. Il suo tesserino del *Tapir Volant* riportava il nome di Luc Garbineau. Memorizzai questo nome, mi ficcai in tasca il tesserino e discesi di nuovo la scala malefica. I primi gradini erano sempre sdrucciolevoli, vuoi per gli innumerevoli sputi, vuoi per la naturale umidità dell'aria. Ma stavolta me l'aspettavo: l'atterraggio fu meno cruento. Non è da tutti.

Il pinguino che avevo pestato il giorno prima non mi riconobbe e non fece una piega davanti al mio tesserino. Entrai.

Le Tapir Volant non era male, per quanto io non ami lo stile arabo. Volte moresche, vetri colorati a mosaico, cuscini sul pavimento, tappeti appesi ai muri, luci basse, camerieri vestiti da Alì Babà. Non so se mi spiego. Un discreto numero di soci, tutti piuttosto eleganti (qualcuno in smoking), si aggiravano conversando o sedevano a bassi tavolini su larghe poltrone imbottite. La musica poi era intonata all'ambiente, facendomi balenare immagini di cammelli, piramidi e scimitarre.

Presi posizione al bar e interrogai il magrebino che serviva tè alla menta in bricchi d'argento. "Dite un po', amico, è su quel palco che si esibisce la famosa *perla d'oriente?*"

"Sì, signore. E dove, se no? Vedo che siete nuovo: mi auguro che resterete soddisfatto dello spettacolo. Un bicchiere di tè?"

Dopo nemmeno mezz'ora mi accorsi che lo spettacolo stava per cominciare. La musica e le luci calarono di intensità, un brusio attraversò il locale.

"Signore, signori," annunciò una specie di Aladino al centro di un palco circolare, "vi prego di accogliere con un applauso *La perla d'oriente!*"

L'applauso scrosciò dalle mani di quegli habitué. La ganza che uscì scalza dalle quinte mettendosi a ballare sul palco non era certo araba. Forse aveva antenati svedesi; i suoi capelli chiarissimi parevano impallidire per contrasto con i monili dorati che portava alle caviglie e con la catena costellata di piattini abbaglianti che le arricchiva le anche. Per non parlare del velo di color rosso acceso che, coprendola della sua trasparenza, la rendeva più nuda di Eva. Non so se mi spiego.

Lazarre aveva gusto. Potevo capire perché avesse ingaggiato il miglior segugio di Francia per recuperare un così prezioso gioiellino.

Guardai per alcuni minuti quella bionda vestita di un lenzuolo, ne ammirai i fianchi che parevano animati di vita propria e scattavano da una parte e dall'altra secondo il ritmo di tamburi nascosti. Che cosa aveva spinto una bambola tanto graziosa a lasciare un buon partito come Lazarre, noioso finché si vuole, per dimenare l'addome come per gli effetti di una droga o il morso di una tarantola? Non lo sapevo, ma il demone di cui era diventata preda aveva forse la faccia di un arabo. Probabilmente il proprietario magrebino del *Tapir Volant* era ricco quanto Lazarre ma meno noioso.

Avevo visto abbastanza. Pagai il mio tè alla menta una cifra che mi parve un assassinio, quindi emersi da *Le Tapir Volant* e dai suoi budelli sotterranei. Su rue Clauzel era ferma un'auto sbirra. Il signor Garbineau, con una mano sulla zucca, stava raccontando agli sbirri di un ladro che non gli aveva rubato niente se non la tessera del club. Affrettai il passo e in breve intorno a me ci fu il quartiere latino.

Il giorno successivo passò lento. Avevo letto su una locandina nel night club che *La perla d'oriente* si esibiva tutte le sere tranne il lunedì. Ed essendo appunto un lunedì ne approfittai per commissionare a Giulio qualche ricerca. Ero curioso di saperne di più sul locale arabo e sul suo proprietario. Giulio mi assicurò una risposta in tempi brevi e tanto mi bastò. Ormai conoscevo le incredibili risorse del mio amico italiano.

Martedì, a notte fonda, mi appostai lungo rue Clauzel. L'attesa non fu divertente. La nuvola ristagnava e aveva deciso di sputare sul mio cappello una pioggia leggera ma gelida. In mancanza di tettoie mi rifugiai contro un vecchio portone. Fin verso l'una notai un certo movimento attraverso il cortile del n.3: erano i clienti che arrivavano a piedi sotto l'ombrello, o scendevano da un taxi, per infilare la porticina. Molti di loro recavano grandi mazzi di fiori. *La perla d'oriente* non era certo a corto di ammiratori. Mi pareva di vederli scendere lungo il profondo budello, giù giù fino al ventre della vecchia Pigalle. Povero Garbineau! Chissà se ancora si interrogava sullo strano furto della tessera.

Ma poi, dopo le quattro o le quattro e un quarto, il flusso aveva cambiato direzione. Segno che il locale stava per chiudere. Ci fu poi una pausa di circa mezz'ora nella quale nessuno uscì dal club. Conosco quella pausa. Ho troppa esperienza di locali notturni. È quando, chiusi i battenti, le luci al neon si accendono, il personale si riveste dei propri abiti e il padrone fa la conta dell'incasso. Entrare in un *night* in quell'intervallo di mezz'ora è come svelare il trucco di un prestigiatore, è come vedere il vero volto del mago di Oz. Senza musica, con le sedie rovesciate e i camerieri già in blue jeans, il misterioso *Le Tapir Volant* assomigliava probabilmente al bar della bocciofila. E questo un po' di poesia la toglie, non so se mi spiego.

Mi riscossi dai miei pensieri quando un'ombra uscì dal portoncino e si avviò giù per la strada. Era un'ombra dai capelli molto chiari. Al riparo nell'ombra gettata dai lampioni cominciai a seguirla. La lasciai procedere fino all'altezza di rue Lebas, poi allungai il passo e le fui alle spalle.

Stavo per dire: "Signora," toccandole un gomito, quando il mio cellulare squillò.

La sua reazione fu imprevedibile e fulminea. La ragazza ci sapeva fare. Prima che potessi sobbalzare, lei si era già girata di scatto. Il suo piedino da danzatrice colpì i miei calzoni dove si biforcano. Naturalmente me lo aspettavo e non feci una piega. Ho militato nella Legione e so che in casi simili c'è una sola cosa da fare: premere le mani sulla zona contusa e rannicchiarsi al suolo. Il nemico penserà così di avere avuto la meglio e abbasserà la guardia, firmando la sua condanna.

La luce di un lampione mi feriva gli occhi, nonostante facessi grandi sforzi per tenerli chiusi. Li aprii lentamente. Il maledetto lampione incombeva su di me. Misi a fuoco lo sguardo.

"Oh, mio dio! Signore!" disse il lampione, che ora aveva lunghi capelli color platino e la faccia di Pauline Lazarre, la danzatrice del ventre. "Signore, come vi sentite?"

Preferii non parlare.

"Mi avete spaventato, santo cielo! Arrivarmi dietro in quel modo. Dite la verità, siete ubriaco?" Poi, rassettandosi il gabardine: "Ma sì, probabilmente siete ubriaco. Oh, bene, la prossima volta userete più garbo con una signora."

Udii i suoi passi allontanarsi ma volli rimanere ancora un poco in posizione di difesa. Maledetta Pauline. Avevo la parte interna dei calzoni in uno stato pietoso. Il cellulare squillava ancora. Era Sophie.

Albin, è un brutto momento?

"Dipende rispetto a cosa. Ti spiace se parlo a bassa voce?"

Oh, caro, ho combinato un pasticcio, sai! Stasera ero passata da te perché un cliente mi aveva dato buca. Volevo farti una sorpresa, però non c'eri."

"Sophie, vieni al sodo."

Sì, tesoro. Ma che voce strana hai! Be', sai chi ho incontrato sotto il tuo ufficio? Il tuo amico Giulio, l'italiano. Mi ha pregato di dirti di chiamarlo, ma poi me ne sono dimenticata. Ma di' un po', tu stai bene? Ti sento respirare con l'affanno.

"No, nulla. Stavo dormendo. Ti richiamo io."

Riattaccai e mi rialzai. Erano le cinque passate, tra poco avrebbe fatto giorno. Raccogliendo da terra il cappello, caduto chissà come, mi accorsi della presenza di un oggetto singolare. Sembrava una scatolina di quelle che le signore usano per i trucchi. Era intatta e pulita, a parte una polverina rossa che ne ricopriva un angolo: doveva certamente essere caduta alla ganza mentre la strapazzavo. Trassi dalla tasca una busta di plastica e ci misi dentro la scatolina. L'avrei esaminata con più calma.

Mi avviai verso la metro con un'andatura che doveva apparire bislacca ma che mi dava un certo sollievo. Maledetta Pauline!

Mercoledì, come prima cosa, andai da Giulio con la scatolina. Essendo pomeriggio avanzato, la nuvola maligna stazionava sulla piazza del Trocadéro. Più tardi avrebbe cominciato la discesa lungo gli Champs-Élysées, fino all'Île St. Louis, giù al lungosenna, dentro gli androni, i seminterrati, le cantine buie e chissà in quali altri profondi recessi ancora.

Giulio mi aspettava sulla soglia.

"Albin!"

"Non gridare, accidenti a te. Andiamo dentro."

"Oh, Albin, amico, tu mi farai diventare matto! Te lo dico io!"

"Non manca molto. Hai avuto quelle informazioni?"

"Appunto per questo lo dico! Vedi, ho cercato di risalire al proprietario del *Tapir Volant*. Ebbene, non ci crederai!"

"Parla piano, non sono sordo. Non crederò a cosa?"

"Questa è una faccenda complicata! Il proprietario risulta l'amministratore di una società con sede a Milano, in Italia."

"Sì, so dov'è Milano. Allora?"

"Ci sto arrivando! Si tratta di un naturalizzato italiano, un certo Hedra Famrasi, originario dell'Egitto. Così ho fatto altre ricerche. Questo Famrasi è un disoccupato sui cinquant'anni, con qualche precedente penale, che passa il suo tempo nei bar e nelle sale da gioco. Almeno così dice il commissariato di Milano!"

"Quindi un egiziano-italiano, eh?"

"Proprio così! Naturalmente si tratta di un prestanome! La cosa mi puzzava, amico mio, e ho fatto ricerche più approfondite! Le bollette della luce del night club sono intestate a una società, la *Sherazade scs*, che ufficialmente si occupa di pulizie e altri servizi, di proprietà di un secondo personaggio, e qui viene il bello!"

"Posso avere un'altra birra?"

"Qui viene il bello! Perché questo personaggio non esiste!"

Deglutii la birra e non feci una piega. Questa tessera si incasellava perfettamente in un mosaico che stava componendosi nella mia testa.

"Oh, Albin! Respira! Respira profondamente! Ecco, così. Va meglio? Mi hai spaventato, amico mio, credevo morissi! Dicevo: non esiste. Te la faccio breve per non annoiarti con la serie di società di comodo e scatole cinesi con amministratori posticci! Ti dico solo che questo tizio di cui ti parlo, che probabilmente è il gestore del locale, ha un nome falso, dietro il quale si nasconde un altro nome, falso anch'esso, e così via. Se lo vuoi sapere, si fa chiamare Hamed El Alì."

Mi levai la schiuma di birra dalla camicia e risposi: "E ci voleva tanto? Questo è l'uomo che cercavo: l'amante della biondina. Tanto basta. Seguirò questo Hamed e qualche buona foto verrà fuori."

"Ma tu non capisci, Albin," gridò Giulio. "Questa è roba grossa. Ho dato l'elenco dei falsi nomi a mio cugino Vittorio che lavora al ministero degli esteri. Uno di questi compare su una lista molto riservata di personaggi indesiderati in Francia, perché legati allo spionaggio egiziano!"

"Parla piano. Spionaggio, eh?"

"Albin! Hamed El Alì è probabilmente un agente dei servizi egiziani, e il *night club* una copertura. Quest'uomo ha santi in paradiso! Ti rendi conto in che affare ti sei cacciato? Che c'entri tu con lo spionaggio?"

"Nulla. E adesso calmati. Devo riflettere. Se non ti spiace prendo un'altra birra. Tu, intanto, dai un'occhiata a questa scatolina e dimmi che ne pensi."

La rivelazione era scottante e gettava una luce diversa su tutta la faccenda. Un conto è pedinare la moglie di un tizio dalle orecchie paonazze. Un'altra è pestare i piedi ai servizi egiziani, non so se mi spiego. Non che io sia il tipo da impaurirmi per certe sciocchezze. Ma come poteva, la timida e delicata Pauline, essere coinvolta in quella faccenda? Mi guardai i calzoni dove si biforcano. Probabilmente non era coinvolta affatto: si era solo invaghita dell'egiziano sbagliato, ignorando che egli facesse il doppio lavoro. La voce di Giulio, come sempre a volume troppo alto, mi fece alzare gli occhi.

"Trucchi!" Aveva posato la scatolina sul tavolo davanti a me. "Sono normalissimi trucchi per signora! Non saprei cos'altro dirti, mio caro."

Uscendo dalla pizzeria mi misi la scatolina in tasca. Un pensiero mi balenò e mi voltai. "Ah, Giulio! Aspetta un momento. Nella scatola ci sono dei trucchi da ganza, hai detto. Ma la polvere di cui era ricoperta? Quella polverina rossa, che cos'è?"

"Ah, quella!" mi gridò. "Quella, niente, è normalissimo zafferano! La spezia che si usa in cucina, sai?"

Santo cielo! Che cosa faceva dello zafferano su una scatola di trucchi? Non ne avevo la minima idea. Eppure questo era l'elemento più singolare di un caso già di per sé strano.

Zafferano? Zafferano.

Dove si collocava questa tessera? Nel mio mosaico o nel nulla della fatalità? Sapevo che non avrei chiuso la partita con una dozzina di foto compromettenti. Adesso dovevo per forza saperne di più sul signor El Alì, o come diavolo si chiamasse.

Non è necessario dire che l'indomani mi ero appostato fin dal tardo pomeriggio in rue Clauzel. Ma non utilizzai lo stesso travestimento, che ormai era bruciato. Presi posto invece in uno dei bidoni del piccolo cortile interno. Da lì potevo sorvegliare l'arrivo dei clienti. Intorno a me, mazzi di verdure o di fiori indefinibili andavano putrefacendosi. Ecco dove finivano, dopo ogni serata, gli omaggi alla *perla d'oriente*. Se l'avesse saputo il povero Garbineau!

Non è che fosse un luogo per damerini, ma non mi lamentavo. Nella Legione avevo un compagno di tenda di nome Homer, il quale poteva resistere settimane senza cambiarsi i calzini. In confronto a Homer, quel bidone era inodore.

Finalmente i damerini cominciarono ad arrivare. Infilavano le scale e scendevano lungo il budello con i loro enormi mazzi di rose o tulipani o che so io. Non riuscivo a togliermi dalla testa una parola: zafferano. Che aveva a che fare Pauline con una spezia da cucina? Con quello che guadagnava non era certo costretta a spadellare, né faceva la spesa al mercatino di Place Monge.

Sprofondato com'ero in fondo ai miei pensieri, lo sguardo mi cadde su uno strano damerino. Dico strano perché il suo procedere pareva circospetto. Fece capolino dalla porta di rue Clauzel con un mazzolino di piccoli fiori viola e si guardò alle spalle prima di avanzare. Per un attimo mi parve che i suoi sguardi incrociassero i miei attraverso la fessura del cassonetto. Aveva la carnagione olivastra da magrebino. Ma non mi aveva visto: dopo un'ultima occhiata circolare infilò la scala infernale tuffandosi nelle interiora della città.

Che cosa mi aveva colpito? Non sapevo dirlo. Ma c'era qualcosa, nello sguardo di quell'uomo, o forse nella sua faccia, che mi pareva importante senza sapere perché. O erano i fiori ad avermi suggestionato?

Telefonai a Giulio ed ebbi la conferma che mi mancava.

Santo cielo!

Ora sapevo tutto. Mi trovavo a un passo dal segreto di Pauline Lazarre. Non restava che acciuffare la ganza senza farsi ammazzare. Non che io temessi quella bambola, ma il pensiero mi corse a una certa parte dei miei calzoni.

Quando la *perla d'oriente* si fu avviata giù per rue Clauzel e superò rue Lebas mi lanciai all'inseguimento. Mezzanotte era passata da un pezzo. La nuvola maligna sembrava fluttuare tra i primi piani e gli ammezzati dei casamenti e delle villette, come indecisa se ostacolarmi o rendermi il gioco facile. La ragazza ci sapeva fare. Mi rimorchiò per il giro più tortuoso che avessi mai fatto attraverso la Pigalle. Passammo almeno due volte di nuovo per rue Clauzel, percorrendo in orbite a spirale quasi tutto il quartiere. Se avessimo viaggiato in linea retta, ricordo che pensai, saremmo arrivati a Lione. Non so se mi spiego.

D'improvviso, scartando a sinistra e senza guardarsi intorno, sparì in un portone di rue de Navarin. Attesi un tempo che mi parve ragionevole, poi camminai lentamente davanti a quel portone. La strada era deserta, cosa che rendeva più difficile passare inosservato. Non era chiuso a chiave. Ci posai sopra la mano e mi introdussi in un androne buio. Una scala di pietra molto vecchia saliva nell'oscurità mentre un'altra discendeva pochi scalini verso i seminterrati. Dal basso udii provenire un passo di tacco e un rumore legnoso. Una luce accesa e subito spenta mi balenò.

Sfoderai la Beretta e discesi la corta scala. Alla fine di un corridoio una porta era socchiusa, filtrava una debole luce. Avanzai nel silenzio. Stavo per posare il palmo sulla porta, la sputafuoco pronta a cantare. Una voce dietro di me disse: "Buonasera!" Non feci una piega. Un uomo dai nervi d'acciaio sa come affrontare situazioni impreviste.

"Putain merde!" gridai, gettando in aria la Beretta. È una tecnica ben sperimentata. Distratto dal volo della pistola, l'avversario diviene vulnerabile.

Mi girai di scatto e mi trovai di fronte la cara Pauline sorridente. Il suo ferro non era di grosso calibro ma avrebbe fatto buchi abbastanza grandi nella mia camicia, non so se mi spiego.

"Così siamo pari, signore. L'altra sera voi avete spaventato me, ora io ho spaventato voi."

Spaventato, io? Non mi conosceva.

Mi intimò poi di entrare nel seminterrato e io le diedi corda. L'appartamento era piccolo ma ben arredato. C'era un tavolo con quattro sedie. "Sedetevi, prego," mi disse.

"E voi abbassate pure la pistola, prego."

"Vi è piaciuto il giro panoramico della Pigalle?"

"Così, ve n'eravate accorta. Va bene, Pauline, siete in gamba. Mi uccidete qui? In tal caso vi consiglio di montare il silenziatore, o sveglierete tutto il condominio."

Sedette di fronte a me e posò il ferro sul tavolo.

"Non ce ne sarà bisogno, signor Baguette. Siete un uomo ragionevole e non farete scherzi. Ad ogni modo, fuori dalla porta c'è un mio amico egiziano, ed è armato."

"Se conoscete il mio nome vuol dire che ho visto giusto."

"Sì, avete visto giusto un sacco di cose, per questo siete qui. Sono davvero incuriosita. Come avete fatto a capire?"

"Non è stato difficile, signora, per un segugio della mia esperienza. Avevo già scoperto che il locale non è che un pretesto per ben altri balletti, non so se mi spiego. Ho le mie fonti. Mi restava solo da capire se voi foste implicata nel giro. Lo zafferano mi ha dato la risposta."

"Zafferano in che senso?"

"Durante il nostro primo incontro, essendo io stato un po' rude, vi è caduta una scatola di trucchi."

"Ah, ecco dov'era finita!"

"Sopra c'era dello zafferano, e la cosa non mi dava pace. Non vi ci vedevo, fare il risotto alla milanese. Ma poi, osservando i clienti del *Tapir Volant*, ho capito. Avete molti ammiratori, Pauline, e la cosa non mi meraviglia. Sarete la beniamina dei fiorai di Parigi, anche se ho visto dove finiscono le rose e le orchidee a fine serata: a marcire tra l'immondizia. Uno dei vostri estimatori, però, vi portava dei fiori particolari."

"Oh, sì: Hedra! Naturalmente è un nome di fantasia."

"Bene, questo Hedra o come diamine si chiama vi portava dei fiori particolari. Il *crocus* è un piccolo fiore viola e dal suo pistillo si ricava una sostanza rossastra molto apprezzata nella cucina mediorientale: lo zafferano. La polvere trovata sulla vostra trousse dimostrava che avevate maneggiato quei fiori. Come mai? Tutti gli altri mazzi li facevate gettare. Solo nei crocus avevate armeggiato abbastanza da portarvi sulle mani, quindi nella borsetta, una gran quantità di polvere rossa. Questo può non dimostrare nulla ma, se mettiamo questa tessera del mosaico insieme alle altre, ce n'è abbastanza da pensare che insieme ai fiori riceveste qualcos'altro. Forse un dischetto o un microfilm."

"Questi oggetti sono passati di moda, Monsieur Baguette. È più comoda una memory card."

"A questo punto mi manca solo una tessera del mosaico."

"Sarebbe?"

"Il proprietario del locale, il signor Hamed El Alì, è al corrente del traffico? Io giurerei di sì. Mi mangio la licenza da segugio se non è il vostro amante." La ganza si alzò, prese da una credenza una bottiglia di cognac e due bicchieri. Me li mise di fronte e versò per entrambi. Poi mi guardò e scoppiò in una risata cristallina.

"Oh, signor Baguette! Credo che dovrete proprio mangiarvi la licenza!"

"Mangiarla, dite, eh?"

"Sì, perché Hamed El Alì sono io!"

"Ci avrei giurato."

"Se volete saperlo ho anche altri nomi: alcuni arabi, altri francesi. Altri diversi ancora, ma non c'è bisogno che li conosciate."

"Siete una donna sorprendente, Pauline. Sempre se questo è il vostro vero nome. O dovrei chiamarvi *La perla d'oriente*?"

"Pauline è il mio vero nome."

"Quindi, la storia che avete inventato per vostro marito... Santo cielo! Avevo dimenticato vostro marito. Immagino saprete che mi ha ingaggiato per riportarvi a casa. E io che credevo di dovergli rivelare che avete un amante! Insomma, l'avete o no, un amante?"

"Questo dettaglio, signor Albin," mi disse avvicinandosi, "non riguarda né voi, né mio marito. Anzi, non parlatemi di lui. È un argomento così noioso! La mia nuova vita mi diverte di più..."

Da molto, molto vicino pareva ancora più bionda.

Era quasi mezzogiorno quando emersi dal seminterrato. Pauline non aveva mentito: lungo il corridoio c'era un pinguino seminascosto nell'ombra. Lo riconobbi. Era il damerino che avevo malmenato all'entrata del *night club*. Questa volta lo lasciai stare, e per due motivi validi. Primo, non c'era motivo di pestarlo di nuovo; e, secondo, Pauline mi aveva lasciato i muscoli troppo indolenziti.

Lungo rue de Navarin la nuvola si era sollevata facendo scivolare qualche raggio fin contro i vecchi cornicioni. Non so perché Pauline mi lasciò andare. Forse intuì, con quella chiarezza tutta femminile, che non l'avrei tradita. Non avevo alcun interesse a ficcarmi in un affare internazionale e lei lo sapeva.

Incontrai Lazarre il giorno seguente. Gli avevo telefonato dandogli appuntamento alla chiatta del signor Hong, giù al fiume. Arrivò che stavo finendo la seconda scodella di germogli. Fuori diluviava.

"Oh, signore!" esclamò lasciandosi cadere grondante d'acqua sullo sgabello. "Vorrei tanto sapere perché dobbiamo incontrarci sempre in un luogo così…"

"Così…?"

"Basso!"

"Sì, il lungosenna è affascinante, non ditelo a me. Ma non preoccupatevi: questa è l'ultima volta."

Le sue orecchie virarono subito al carminio. "Volete dire che…!"

"O ifoo i voho isseho."

"Non vi capisco se parlate a bocca piena."

Faceva orecchie da mercante. "Ho risolto il vostro mistero," ripetei.

"Benissimo, benissimo! Dov'è Pauline?"

"In compagnia di un tale di nome Hamed."

Per un attimo annaspò cercando le parole. Mi parve di vedere tutto il sangue dei padiglioni auricolari cadere giù di colpo fino ai piedi.

"State scherzando, spero! La mia Pauline!"

"Non è più vostra, signore, forse non lo è mai stata. Dimenticatela. Mi dovete seicento euro."

"Avete un bel coraggio! Venite qui a dirmi che la mia Pauline mi tradisce! E dovrei anche pagarvi! E poi, così: senza una foto, una prova!"

"C'era troppo buio. Seicento euro, signore."

Il colore gli ritornò in un istante nelle orecchie. Con l'espressione di un invasato si frugò nella giacca e mi contò sul tavolo le seicento banane. Poi la testa gli crollò sulle braccia e non diede più un movimento.

Pagai i germogli a Hong e gli diedi un incarico: "Vedete quell'uomo accasciato sul tavolino? Non dovrebbe essere morto, ma nel caso pensateci voi."

"笨蛋!" mi rispose brusco.

"Come non detto." Verso l'orario di chiusura Hong è sempre intrattabile.

Mi rialzai il bavero e uscii sul lungosenna. In una cosa Lazarre aveva ragione: vedere Parigi stando al livello del fiume può dare ai pivelli un senso di claustrofobia. Come se la città, così alta, dovesse rovinare su di noi. Ma io conoscevo almeno un luogo più basso della Senna. Era una scala che scendeva e scendeva, più giù del mio vecchio ufficio alla Pigalle, del seminterrato di Pauline, più giù delle fogne di Parigi. E che forse continuava oltre *Le Tapir Volant*, attraverso una botola segreta e un'altra rampa di scale, poi un'altra ancora, fino a luoghi inimmaginabili e bui come l'inferno.

Anche la ganza aveva ragione: suo marito era davvero l'uomo più noioso di Francia. Ero felice di non dovere più incontrare i suoi baffi e le sue orecchie intermittenti. Forse anche lei era felice per la stessa ragione. La immaginai danzare a piedi nudi negli intestini di Parigi. Se la sua avventura sarebbe durata ancora a lungo era il più profondo dei misteri, ma in questa mia visione Pauline aveva il volto sorridente.

Il mistero del fiume silenzioso

Domenica: porto di Honfleur.

"Non avete proprio altro posto in cui metterla, signore, quella mano?"

"E dove, Madame," alzai la testa esultante, "se non sul vostro…"

"Corrimano, signore!"

"Voi siete senza cuore. Potevo cadere in acqua," dissi. Mi voltai e cercai di raggiungere la mia cabina senza scivolare con grandi danni. La cosa per un pelo mi riuscì. Verso sera indossai il mio migliore, nonché unico, abito.

Un vero duro non ha bisogno di cambiare abbigliamento ogni due per tre. L'eleganza è nei modi, la distinzione si vede dal portamento, non so se mi spiego. Con la mia camicia celeste e la giacca blu di tutti i giorni avrei potuto – e posso – tenere testa a tutti i damerini di Parigi, per non parlare della costa settentrionale.

All'imbrunire, con il piglio e l'espressione di un capitano di lungo corso di navi mercantili, feci il mio ingresso in sala da pranzo sul ponte superiore. Non era una posa fittizia: da giovane mi sono guadagnato da vivere sulle navi cargo. Non c'è lupo di mare che ne sappia più di Albin Baguette.

Avvicinato che mi fui a un grande oblò, o iglù, o come diavolo si chiamano le finestre delle barche, osservai le luci di Honfleur allontanarsi insieme alla costa, nera contro il cielo morente. Dopo poche ore di navigazione già conoscevo alcuni dei miei compagni di viaggio. I coniugi Verlain sedevano al fondo della piccola sala e, proprio in quel momento, il campanile illuminato passò dietro di loro, lontano laggiù vicino al porto, scomparendo per sempre alla mia vista.

Lui agente di commercio, lei bambola niente male; ci eravamo conosciuti già prima di salire a bordo. Che la signora andasse in sollucchero per i duri era ovvio per via di certi sguardi. Le crociere sulla Senna sono frequentate solo da due categorie di persone. Sposini in luna di miele e pensionati. Mi conoscete: non ho un debole per i pensionati. Eppure, non mi trovavo lì per rimorchiare. Figuriamoci. Con tutti i locali chic che conosco, giusto una barca!

Per una volta ero in vacanza. In segno di stima e di ammirazione, una rinomata industria aveva deciso di farmi omaggio di una settimana di crociera, da Honfleur a Parigi passando per Caudebec-en-Caux, Rouen e Vernon. Si trattava di un riconoscimento molto prestigioso, non è da tutti. Così avevo lasciato le chiavi dell'ufficio alla signora Corbusier del terzo piano e mi ero imbarcato al porto di Honfleur in una brutta domenica mattina di maggio piena di sole.

Staccare per qualche giorno dagli omicidi e dagli odori parigini non mi avrebbe fatto male. Sì, Sophie ne aveva sofferto. *Albin*, mi aveva detto piangendo, *come faccio? Ho clienti prenotati per tutta la settimana, tu capisci. Dovrei restituire le caparre. Non fare così, caro, sarà per la prossima volta. E adesso scusami, hanno suonato.* Ed era caduta la linea. Era una ragazza molto sensibile, ma le avrei portato un souvenir e alla fine avrebbe messo via il broncio.

Mi riscossi dai miei pensieri. Al tavolo dei coniugi Verlain avevano trovato posto un'altra bambola e, scommisi con me stesso, un altro agente di commercio. La damina mi dava le spalle: un delizioso paio di spalle decorate da un tatuaggio a forma di farfalla. Dovetti quindi concentrarmi sulla zuppa di piselli (essendo malauguratamente la cucina sprovvista di germogli di soia) e sul rollio della barca. L'ondeggiare di un'imbarcazione che fila sulla Senna è molto piacevole, mentre si sorbisce zuppa di piselli. Mi alzai e corsi fuori all'aria aperta. Con lo stomaco premuto sul parapetto era una gioia contemplare il fiume scorrere pacifico sotto di me.

"Vi sentite meglio, adesso, signore?" mi domandò il nostromo, o chi diavolo fosse. Al buio tutti i marinai sono uguali, come i gatti bigi. Senza smettere di sorreggermi la fronte mi mise nella mano un paio di pastiglie. "Se la nausea persiste, prendete queste domani, una al mattino e una alla sera."

Nausea? Sciocchezze. Non mi conosceva.

"Siete mai stato, voi, su una nave cargo?" gli risposi senza guardarlo mentre rientravo. Il tatuaggio a forma di farfalla era ancora là.

Dopo cena scoprii che si poteva bere un bicchiere sul ponte superiore. Ne approfittai. Un piccolo bancone bar e alcuni tavoli di vimini erano spazzati dalla brezza. Un po' di vento sulla faccia e mezza dozzina di cognac mi avrebbero levato dalle fauci il sapore di piselli. Ormai la costa era una striscia nera appena distinguibile dal fiume e dal cielo. Solo le rare luci dei piccoli paesi o di altre attività umane davano il senso del movimento. Qua e là nel buio lontano sulla terraferma, una casa isolata brillava con la sua lampadina sull'uscio o con la sua finestra di cucina. Il soffitto del mondo era nitido e sfavillante, non so se mi spiego. Non un suono veniva dalla costa o dall'acqua, ma solo chiacchiericcio attutito dalla sala da pranzo e rumore di bicchieri. Mi stavo domandando quanto fossimo ormai distanti da Honfleur, quando il mio intuito mi disse che qualcuno, alla fioca luce del ponte, mi stava osservando.

Con la scusa di chiamare un altro cognac mi voltai a mezzo sulla sedia. Santo cielo!

Al tavolino dietro di me, una finta bionda sui trentacinque o giù di lì mi fissava senza pudore. Non avevo bisogno di guardare sulla sua spalla per sapere che c'era un tatuaggio a forma di farfalla. Nella sala da pranzo non avevo potuto vedere il suo volto, ma era lei.

"Buonasera," le dissi.

Fece un leggero inchino con la testa tirando le labbra in un mezzo sorriso: "Vi sentite meglio, adesso?"

"Io sto sempre meglio. Permettete? Albin Baguette."

"Avete qualcosa sul risvolto della giacca, signor Baguette. Mi sembra una foglia d'acero. A volte ne arrivano, dalla costa."

"Acero, dite, eh? Dal profumo pare più zuppa di piselli."

"Come dite, prego?"

Notai l'anello alla mano sinistra. "Voi siete in viaggio di nozze, Madame?"

"No, macché," sorrise, "sono sposata da più di sei anni. Mi chiamo Annabelle Florent."

"Vostro marito non ama la brezza, signora Florent?"

"Ah, probabilmente sta giocando a pinnacolo nel salone. Io preferisco godermi la serata all'aria aperta, benché faccia un po' fresco per i miei gusti. Voi non avete freddo, signor Albin?"

"Figuriamoci. Freddo, io! Ma ditemi di voi. Non è la prima volta che fate una crociera sulla Senna. Ho indovinato?" Per parlarle avevo girato la poltroncina di vimini. Se la farfalla tatuata mi era parsa affascinante, il resto era meglio. Aveva un viso da gatta su un corpo flessuoso.

"Come l'avete capito?"

Mandai giù quel che restava del cognac. "Per via di vostro marito," dissi. "È già imperdonabile che a una moglie come voi si preferiscano le carte. Ma non credo che si possa resistere a salire sul ponte, la prima notte di crociera. Io almeno non ho resistito e, come vedete, il destino mi ha premiato."

"Siete galante. La mia amica e io, durante la cena, ci stavamo domandando che cosa ci faceste tutto solo."

"Così, mi avete notato." Avrei dovuto immaginarlo. Un uomo distinto come il sottoscritto non passa mai inosservato. Forse era stata la camicia, o l'espressione da vero duro.

"Diciamo che nella vostra corsa attraverso la sala da pranzo avete fatto cadere un bel po' di vassoi. Ma ho provato anch'io una volta il mal di mare! Uh! Non posso biasimarvi."

Istintivamente coprii con la mano la foglia sul risvolto della giacca. "La vostra amica, eh? Dunque siete due coppie affiatate. Sì, la cosa non mi era sfuggita, perché non credevo di trovare in questa crociera altro che pensionati. Una coppia di giovani coppie, non so se mi spiego, attira l'attenzione; per non parlare della vostra farfalla. Ma credo che vi stiano cercando."

"Come? Ah, è la mia amica Charlotte. Ecco, ci ha visti."

Charlotte era meno appariscente, una specie di florida trentenne di campagna dalle guance purpuree.

"Charlotte, ti presento il signor Baguette. Sai, il signore del mal di mare. Siediti con noi. Ma dove hai lasciato Daniel?"

"Sta giocando insieme a tuo marito, e perdono forte. Sì, io e Daniel abbiamo conosciuto stamattina Mr. Baguette, il viaggiatore solitario. Non vi nascondo, signore, che Annabelle e io abbiamo ricamato un po' su di voi. Perdonerete la curiosità. Del resto, saremo compagni di viaggio per una settimana, è meglio cominciare a conoscersi."

"Madame," dissi, "sapevo bene che la presenza di un uomo solo su questa barca avrebbe eccitato la curiosità femminile."

"Voi conoscete le donne, eh, signor Baguette?" disse Annabelle puntandomi addosso un naso felino.

"Di vista, più che altro," le risposi.

La ganza si voltò verso il banco bar e chiese da bere per sé e la sua amica. Mi guardai intorno. La pace regnava sul ponte superiore - eccezion fatta per due vegliardi appollaiati a un tavolo poco distante - intorno allo strano ménage che si stava svolgendo tra quelle due ganze curiose e il miglior segugio di Parigi.

Ma dopo pochi minuti Annabelle si affrettò a finire il suo drink e, lamentandosi per il vento freddo, trascinò via con sé Charlotte verso la scala per i ponti inferiori. Peccato. Non ero riuscito a sapere molto su quelle graziose amiche se non che le due coppie, residenti vicino a Lione, si conoscevano fin dal tempo dell'università. Non che la cosa mi fosse di qualche utilità. Ma non mi capita molto spesso di essere fuori servizio, e mi è impossibile evitare di far caso a certi piccoli particolari. Di certo inutili, ma affascinanti. Ad esempio: perché Charlotte, non vista, aveva lanciato per un istante uno sguardo gelido alla cara Annabelle, per ricomporsi poi subito non appena essa aveva voltato la testa? Ecco, piccoli particolari come questo, che non servivano a nulla se non ad aumentare la mia curiosità verso quelle due creature trementi di freddo (soprattutto Annabelle) che erano appena fuggite dal ponte superiore con la pelle d'oca.

"Buonanotte, signor Albin," mi aveva detto la proprietaria di una graziosa farfalla tatuata. E la contadina dalle guance rosse: "A domani, Monsieur Baguette. Grazie per l'interessante conversazione."

Donne! Se avessero militato nella Legione Straniera avrebbero saputo che cos'è la resistenza al freddo. Ricordo che, durante le corvée di cucina, c'era un assistente cuoco di nome Pascal con il vizio di dimenticare la gente chiusa nel congelatore. Io e tanti altri siamo vivi per miracolo.

Mi sollevai ancor più il bavero e mi girai a mezzo sulla sedia: "Ragazzo! Un'altra tisana, e che sia bollente!"

Lunedì: verso Caudebec-en-Caux.

Il giorno seguente mi alzai di buon'ora, mi recai al bar, quello della sera prima, e da lassù contemplai il panorama. Non che io sia il tipo che si commuove per un paesaggio. In più il tempo era pessimo, con un sole cocente che mi costrinse ben presto a mettermi al coperto. Decisi così di passare la giornata nel salone, approfittandone per studiare certe carte importanti di un caso che stavo seguendo a Parigi. Con l'unica eccezione del pranzo, assaporai la libertà di chi non ha né appuntamenti né impegni, essendo sperduto lungo la Senna in un punto imprecisato tra Honfleur e Caudebec-en-Caux.

Incrociai un paio di volte le bambole di Lione. Una prima volta la mattina mentre salivo al ponte superiore per un pieno di liquidi. Una seconda volta verso ora di cena. Attraversavano il salone, mi videro e si fermarono con un sorriso.

"Voi non prendete mai il sole, signor Baguette? Oggi è stata una bellissima giornata."

"Non ci penso nemmeno, splendida creatura che non siete altro. Preferisco leggere e stare in compagnia del signor cognac."

Charlotte era seria, sembrava pensierosa. Annabelle cinguettò ancora qualcosa sulle giornate di sole o che so io, poi scomparvero su per lo scalone.

A cena le osservai, soprattutto Charlotte, ripensando alla strana occhiata che la sera precedente avevo colto sopra quelle guance purpuree. Ho troppa esperienza di casi femminili per non riconoscere la gelosia, quando la vedo. Non che ci fosse da meravigliarsi. In presenza del sottoscritto è un sentimento piuttosto comune.

Ecco come, da un dettaglio insignificante, un professionista può trarre spunto per un'osservazione minuziosa. Non è da tutti. Da quel momento, mi dissi, avrei letto meno i fumetti di Leo Pulp e avrei tenuto più d'occhio quelle due strane ganze. Perché, o Charlotte covava dell'astio verso Annabelle, o mi sarei mangiato la licenza da segugio.

Con piacere notai che non fu servita la zuppa di piselli.

Dopo cena presi le mie pastiglie e raggiunsi naturalmente il bar sul ponte superiore. Mi meravigliai nel vedere quanto fossero mutate le coste del fiume. Durante l'intera giornata non avevo quasi guardato fuori dei finestrini o come diavolo si chiamano. Al posto delle colline della sera prima, nella tenue oscurità si potevano indovinare basse pianure con numerosi piccoli centri abitati; le loro luci concentrate si infilavano l'una dopo l'altra guardando verso sud. Mi pareva di ricordare che l'indomani avremmo raggiunto Caudebec-en-Caux.

Le ganze sedevano a un tavolino con i mariti (probabilmente agenti di commercio, a giudicare dalla faccia) e non mi fu possibile continuare la conversazione interrotta. Qualche sguardo lo ebbi, però, ma soltanto da Annabelle: ché Charlotte fissò tutto il tempo la costa occidentale del fiume. Si alzarono presto tutti insieme. Mentre mi passavano accanto Annabelle disse al marito, guardandomi: "Marcus, posso presentarti il signor Baguette da Parigi?"

"Piacere," dissi stringendogli la mano; essi lasciarono il ponte superiore e io mi concentrai sul cognac e sul pensiero di Charlotte. Poi il vento caldo del nord mi diede noia e anch'io mi ritirai.

Martedì: Caudebec-en-Caux.

Il giorno seguente mi svegliò un terribile fracasso. Nel dormiveglia credetti che fosse entrata in ufficio la signora Corbusier, ma svegliandomi del tutto mi resi conto che eravamo attraccati nel porto di Caudebec-en-Caux. Ebbi appena il tempo di vestirmi, poi scesi lungo la passerella insieme ai pensionati e agli altri gitanti, sentendomi vagamente stupido. Mi mancava solo la camicia a fiori e la macchina fotografica a tracolla. Figurarsi! Il miglior segugio di Parigi in visita guidata alle bancarelle di souvenir e cappellini con scritto *Caudebec-en-Caux*.

Un nostromo o che so io aveva spiegato che avremmo potuto trattenerci in paese fino alle ore 17 e, prima del tramonto, la barca sarebbe ripartita. Poco male. Ne avrei approfittato per comprare un ricordo per le mie numerose ganze.

Caudebec-en-Caux è un paesino di poche migliaia di abitanti, forse duemila o giù di lì. Solo nel quartiere latino ce ne starebbero comodi una dozzina, di paeselli così. Ma è piacevolmente libero da nuvole maligne maleodoranti. Rispetto a Parigi non è una differenza da poco. Non che io sia tipo da godere dell'aria limpida e di altre comodità da smidollati.

Mi inoltrai per le strette strade del paese, seminando ben presto il gruppo dei gitanti. In poco tempo uscii dalla ressa che accalcava i piccoli negozi; come fui nella parte più periferica e più lontana dal porto avvenne un piacevole incontro, seguito da un episodio tra i più singolari e inaspettati.

Avevo appena acquistato un souvenir per Sophie, una riproduzione in gomma della famosa torre circolare di Caudebec-en-Caux, alta circa trenta centimetri e perfettamente riprodotta nei minimi particolari. Sulla punta del modellino, la grande cupola moresca dava al tutto un aspetto marziale e insieme pittoresco. Lo reggevo tra le mani contemplandolo, e gettavo occhiate intorno per rimediare una taverna o un altro locale chic, quando la vidi.

Prima ancora della sua testa, avevo scorto l'inconfondibile spalla dalla farfalla tatuata. Stava maneggiando certe magliette in vendita a una bancarella, appena mi vide mi venne incontro sorridente. "Allora, signor Albin, avete fatto qualche acquisto?"

"Amica mia, è destino che io vi incontri spesso sola: destino tanto benevolo per me quanto avverso per vostro marito. Sì, ho comperato questo piccolo souvenir per la mia... per un'amica, diciamo speciale," dissi. E brandendo in alto il mio *schwanzstuck* glielo mostrai in tutto il suo cilindrico splendore.

"Oh, ma... signor Baguette!" esclamò Annabelle. Poi, ridacchiando piano: "Oh, signore! Che matto!"

"Che c'è? Non vi facevo il tipo da arrossire per la torre di Caudebec-en-Caux! Non avete mai visto una cupola moresca? Santo cielo, smettete di ridere o vi verrà un malore! Signora!"

"Amico mio, scusatemi... scusatemi, sul serio. Ma, abbiate pazienza, a Caudebec-en-Caux non c'è nessuna torre simile. E di certo qui non sono mai passati i mori!"

Naturalmente lo sapevo. Non feci una piega. "Ah, no?"

"No, signore, no! I vichinghi, piuttosto! Ma dove... chi vi ha venduto questo... questa..."

"Torre, signora: torre. L'ho acquistata laggiù, da un cinese molto gentile," risposi, e mi voltai per indicare il luogo dell'acquisto. Quando mi girai di nuovo, ebbi appena modo di vedere la farfallina scomparire tra la folla, squassata da quello che mi parve un brivido di ammirazione per il sottoscritto.

Possibile che un cinese avesse truffato il miglior segugio del quartiere latino? Esclusi quella possibilità. Ad ogni modo, Sophie avrebbe gradito il pensiero.

Un negoziante mi diede l'indirizzo di una buona rosticceria, in cui avrei potuto trovare i germogli di soia e un discreto cognac. Ero ormai giunto fuori dal centro del paese quando la visione si materializzò ai miei occhi. Un uomo e una ganza che mi pareva di conoscere si erano appartati sotto il porticato di una casa di pietra, e certo speravano di non essere veduti, appoggiati com'erano all'angolo tra un muro e una colonna. Ma non conoscevano Albin Baguette e la sua passione per le rosticcerie. Mi mimetizzai con l'edificio dirimpetto e aguzzai l'occhio. Non potevo sbagliare.

Santo cielo!

Erano Charlotte Verlain e Marcus Florent. I due discutevano animatamente. La ganza, con le guance più purpuree del solito, pareva sul punto di scoppiare in un pianto dirotto. Lui, il marito di Annabelle (dalla faccia, agente di commercio), la guardava torvo e le parlava con tono molto duro, anche se non riuscivo a cogliere nemmeno una parola, lontano com'ero. Lei gli gridò qualcosa, apparentemente disperata. Florent fece scattare la testa di lato come chi è al limite dell'esasperazione, poi tornò a fissare Charlotte e le afferrò il braccio con molta forza. Lei spalancò gli occhi pieni di terrore.

Era troppo. Dovevo intervenire.

Come una pantera balzai in avanti attraverso la piccola strada: avrei insegnato l'educazione al caro Florent. Mi conoscete: ho studiato *Krav Maga*, la tecnica di difesa degli agenti segreti israeliani. Gli avrei torto il braccio dietro le scapole finché non avesse domandato scusa alla povera Charlotte. Poi avrei riaccompagnato la ganza alla nave e, nel tragitto, mi sarei fatto raccontare molte cose, perché di certo la circostanza in cui l'avevo pizzicata era singolare e curiosa.

Avrei fatto tutto questo se non fossi stato impedito da una ragione molto solida. Mentre mi lanciavo all'attacco, dalla mia sinistra risaliva la stretta via a velocità criminale una di quelle motorette che si vedono nelle città del sud, o anche in Italia, con tre ruote, la cabina chiusa e un piccolo cassone sul retro. Questo veicolo era talmente carico di rottami metallici e di altre cianfrusaglie che pareva impossibile potesse muoversi. Invece si muoveva, eccome, e puntava dritto su di me. Con la coda dell'occhio valutai la distanza e la velocità. Ormai non potevo più fermarmi, tale era stato il mio scatto; calcolai però che la motoretta mi sarebbe sfrecciata davanti e per pochi millimetri non ci saremmo toccati.

Ma non avevo considerato una piccola trave – che col senno di poi giudicai di acciaio – leggermente sporgente dal lato destro della massa di rottami. Abbassare la testa sarebbe stato giudicato dai passanti segno di vigliaccheria. Così quella trave cozzò leggermente contro la mia tempia sinistra, e fui abbastanza svelto da assecondarne il movimento gettandomi supino a terra.

Mi svegliai. Ero sdraiato sul selciato. Alcune facce erano chinate sulla mia; mi tastai la tempia sinistra, era appiccicosa e pulsava. "Vi sentite bene?" disse una voce di donna.

"Mai stato meglio," dissi. "Devo essermi addormentato." Mi rialzai sul gomito e gettai lo sguardo al porticato. La strana coppia aveva preso il volo. Maledizione. Una bella fortuna, per il signor Marcus Florent.

Con il fazzoletto premuto sulla tempia ritornai lentamente alla barca. Avevo bisogno di riordinare le idee. Ripercorsi a ritroso il labirinto di quel maledetto paese fino al molo. Fortuna volle che non incontrassi nessuno dei miei quattro amici, se così li potevo chiamare.

Sul primo ponte, una hostess niente male mi fece notare che stavo imbrattando di sangue il parquet. Accettai allora di farmi medicare in infermeria. Solo mentre un infermiere mi fasciava la testa realizzai che avevo perduto il mio *schwanzstuck* per Sophie lungo i viottoli sdirupati di Caudebec-en-Caux. Come se non bastasse, avevo saltato il pranzo e il mio stomaco gridava vendetta.

Ritornai nella mia cabina e mi sdraiai sulla cuccetta. Prima di agire dovevo mettere in fila i pensieri. Non era facile: nella mia testa un martello pneumatico lavorava di gran lena.

Innanzitutto, l'incontro con Annabelle, sola. Niente di strano. Era immensamente strano però che il marito di Annabelle stesse litigando con Charlotte. Se avessi visto una di loro discutere con il proprio consorte non li avrei degnati di un'occhiata. Ho troppa esperienza di ganze sposate. Ma per quale motivo una donna litiga ferocemente col marito di una sua amica? Per una sfuriata come quella serve molta confidenza.

L'episodio poteva avere a che fare con i piccoli dettagli che avevo già notato? Come ad esempio le occhiate gelide della dolce Charlotte verso l'amica del cuore Annabelle. Cosa di per sé senza importanza, ma che in presenza di altre tessere poteva comporre un mosaico. E la tessera di quel pomeriggio era formidabile davvero.

Non erano affari miei, ma un segugio è sempre un segugio. Decisi che avrei provato a vederci chiaro. Scattai in piedi e mi accorsi subito che, dopo tutto, dovevo aver perso molto sangue. Così mi rialzai dal pavimento, stavolta più lentamente, e mi trascinai fuori della cabina. Guardai l'orologio, erano quasi le 17. La nave stava per salpare.

Avevo lo stomaco vuoto dal mattino. Raggiunsi la sala da pranzo, ancora buia, e mi intrufolai in cucina. Un cuoco o che so io stava armeggiando con il coltello, alzò gli occhi e mi vide.

"Mio dio! Che vi è successo?"

"Ho saltato il pasto. Si vede?"

Mi fece notare che avevo del sangue sul vestito; lo interruppi chiedendogli qualcosa da mettere sotto i denti. Le uniche pietanze pronte erano dello stufato freddo e del cavolfiore. Declinai l'offerta della carne e mi feci dare il vegetale, che cominciai a divorare avidamente. Il pivello non mi conosceva, o non mi avrebbe proposto un cadavere. Gli unici animali che mi piacciono sono vivi e liberi. E il posto delle salme è sottoterra, non nello stomaco di un vero duro.

Quel bamboccio del cuoco, poi! A momenti sveniva per un po' di sangue sulla mia giacca, ma si sarebbe messo in bocca senza batter ciglio i tessuti muscolari, le cartilagini, le vene e le arterie di un corpo morto. Non so se mi spiego.

Ingurgitato quel pasto frugale mi sentii meglio. Attraversai di nuovo la sala ristorante e raggiunsi il bar. Con un triplo cognac sul tavolino di vimini osservai Caudebec-en-Caux allontanarsi, illuminata dall'ultimo sole, con la grande cattedrale a sovrastare le case basse dai colori chiari. Di cupole moresche, nemmeno l'ombra. Maledetti cinesi.

Con la brezza fresca sulla testa, rimasi fermo a guardare la costa nera per molto tempo dopo che Caudebec-en-Caux fu svanita, risucchiata dalle anse del fiume. Gettai un'occhiata su quell'acqua nera e silenziosa, ma senza avere risposta. Sì! Importava molto, alla Senna, di me e dei miei misteri da risolvere!

Dopo avere raddoppiato la dose posai il bicchiere. Non ci tenevo a farmi vedere dalla Florent, e tantomeno dalla Verlain. Non solo per la fasciatura che non avevo voglia di spiegare, ma soprattutto per gli occhi di Charlotte. Così mi ritirai in cabina attraverso una serie di scale che non avrebbero potuto ondeggiare di più se mi fossi trovato a navigare nella Manica, oltre la foce della Senna.

Durante la notte il cellulare squillò.

Albin, tesoro!

"Chi diavolo è?"

Sono io, sciocchino. Chi deve essere?

"Ma che ore sono?"

Non lo so, fammi vedere... Ah, sono quasi le quattro. Dormivi?

"Niente affatto, stavo nuotando nella Senna. Che c'è di tanto urgente, Sophie?"

Oh, non riuscivo a prendere sonno e ti stavo pensando. Non è un po' tardi per nuotare? Di' la verità, sarà mica pieno di ragazze, lì!

"Solo sopra gli ottanta," mentii. A volte Sophie è più gelosa di una donna.

Sai, caro, non vedo l'ora che tu torni. Hanno aperto un locale molto chic a Montmartre. Che ne dici, mi ci porterai?

"M."

Albin?

"M."

Albin!

"Sì, maledizione, ti ci porterò! E adesso scusami, ma ho un certo mal di testa."

Va bene, tesorino, ma non sono tranquilla se so che fai il bagno nel fiume a quest'ora. Sai che potresti...

Riattaccai. Ormai a dormire chi riusciva più? Passai il resto della notte in compagnia di Leo Pulp.

Mercoledì: verso Rouen.

Subito dopo l'alba andai ad attendere in sala da pranzo che fosse servita la colazione. Non essendoci latte di soia, ingurgitai un bel po' di corn flakes lisci.

Ammazzai la mattinata al bar, fremendo all'idea che i coniugi Florent si facessero vedere. Avevo più di un conto aperto con il signor Marcus, non so se mi spiego. Quanto a Charlotte, sebbene l'idea di sostenerne lo sguardo impaurito e sfuggente non mi entusiasmasse, non so che avrei pagato per poterle parlare in privato. Nel tardo pomeriggio ero sempre al bar; stavo osservando i boschi sulla costa in movimento e li stavo immaginando a Parigi, nel quartiere latino, quando qualcuno mi rivolse la parola.

"Dove eravate sparito, Albin?"

Annabelle sedeva flessuosa e mi rivolgeva il viso felino, sempre raggiante di una qualche inspiegabile felicità; ma Charlotte pareva indecisa sul punto esatto ove posare gli sguardi: i quali saltellavano di qua e di là come gabbiani sulla foce della Senna.

"Di qua e di là, signora, di qua e di là."

"Ma che avete fatto alla testa?"

"Non ho calcolato bene i tempi."

"Come dite, prego?"

"E voi come ve la siete passata a Caudebec-en-Caux?" Mentre parlavo osservai lo sguardo di Charlotte, che mi parve avesse un fremito.

"Be', ho speso un sacco di soldi, signor Baguette, per il dispiacere di mio marito! E ho intenzione di rincarare la dose quando scenderemo a Rouen."

"A Rouen? Ma che giorno è oggi? Qui si perde il senso del tempo."

"Oggi è mercoledì," rispose Charlotte guardandomi, "e saremo a Rouen domani sera."

"Grazie," risposi restituendole lo sguardo. Che si fosse accorta che sapevo?

"E vostro marito, Annabelle," ripresi, "lui non fa acquisti?"

"Oh, nemmeno per sogno! Credo che ieri abbia vagato per il paese passando da un bar all'altro."

"Non trovate impegnativo avere un marito così intellettuale?"

"Mah, che volete che vi dica, caro Baguette? Spero sempre di riuscire a cambiarlo."

"Io lo cambierei subito con un cane o con un gatto."

"A proposito!," cinguettò ridacchiando, "dove avete messo il vostro… sì, quel vostro…"

"La mia torre moresca, volete dire? È bene impacchettata in valigia. Non vorrei che si rompesse. Sarebbe un disastro."

Sorrise in quel suo modo solare e si alzò. "Io vado a preparami per la cena. Tu che fai, Charlotte, vieni?"

La contadina dalle guance purpuree si alzò e seguì l'amica. Fu una mia allucinazione, o nello sguardo che mi lanciò salutandomi c'era una richiesta d'aiuto? Il mio intuito difficilmente sbaglia.

Alle sette passate mi avviai verso la cabina per assumere un aspetto chic. Mi conoscete. Quando ceno su una nave voglio essere perfettamente in ordine. Le cabine degli ospiti davano tutte su un lungo corridoio che partendo dal salotto principale, scesa una scala a chiocciola, proseguiva fino alla prua o come diavolo si chiama la punta. La porta della mia camera, la n.12, era quasi in fondo a questo budello rivestito di moquette. Circa a metà, ormai lo sapevo, erano una dopo l'altra le cabine n.8 e n.9 dei coniugi Verlain e Florent.

Chi non ha mai provato l'imbarazzo di passare davanti alla porta di un appartamento e di trovarsi faccia a faccia con l'inquilino che ne sta uscendo? È quasi una violazione involontaria della reciproca intimità, essendo necessario un minimo di preavviso, di preparazione, per sopportare una presenza sconosciuta così da vicino. La porta n.9 si aprì e il signor Daniel Verlain si fermò con il passo a mezz'aria e un'aria ebete (che per la verità gli avevo già notato), fissando su di me uno sguardo inorridito. Certo, non possedeva il mio sangue freddo. "Buonasera", gli dissi glaciale. Raccolsi le mie chiavi, la giacca e l'albo di Leo Pulp dal pavimento, poi proseguii come nulla fosse.

Ancora un episodio insignificante, come gli strani sguardi di Charlotte. E ancora mi ritrovai a rimuginarci su, durante la cena (purtroppo era stata ripristinata la zuppa di piselli), tanto che a malapena guardai la farfalla tatuata. Che cos'era che mi dava tanto fastidio, nell'apparizione improvvisa di un agente di commercio che usciva dalla propria cabina? Non lo sapevo, ma una voce mi gridava nel cervello di stare attento. Ed entrambe le cose potevano avere a che fare con la singolare scenata che avevo scorto per puro caso a Caudebec-en-Caux, e nella quale per un pelo non ero intervenuto con grande autorevolezza?

Mentre bevevo il caffè il cellulare squillò. Era Sophie.

Albin, tesoro! Ti disturbo?

"Mai quanto durante la zuppa. Che c'è?"

Ecco, caro, temevo che anche stanotte tu volessi fare il bagno nella Senna, ed ero preoccupata. È molto pericoloso, sai. Ricordi il cardinale Bourais, che mi lasciò quell'eredità? Fu così che morì: si tuffò una notte nudo da un bateau-mouche...

"Sophie, devo andare. Ti richiamo io."

Dopo cena, al bar sul ponte superiore trovai Charlotte. Annabelle, mi disse, era scesa per il freddo. Lei, invece, voleva godersi la brezza ancora un poco prima di rientrare.

Le dissi che suo marito era di sicuro insano di mente, se trascurava una donna tanto affascinante per i giochi di carte. Ridendo mi rispose che non le spiaceva prendere il fresco da sola. Per la prima volta da quando l'avevo conosciuta dava l'impressione di essere a suo agio. Le sue risate facevano di tutto per sembrare sincere. Ma quando mi salutò per scendere dabbasso non potei non notare che il suo sorriso si era spento troppo presto, prima che il viso fosse voltato del tutto. Non potevo sapere che, mentre percorreva da sola il lungo corridoio - silenziosamente a motivo della moquette - su quel viso un pallore angoscioso aveva sostituito del tutto il colore porpora. E ancor meno potevo immaginare che, essendo le mie osservazioni azzeccate, stavo per cacciarmi in un ginepraio.

Giovedì: Rouen.

Mi svegliai con le ossa peste e un sapore strano nelle fauci. Quanto al sapore: piselli. Ma perché le ossa così dolenti? Guardai di lato la gamba del letto, osservai la polvere che ristagnava sotto il comodino e realizzai di essere sulla pedana. Maledette onde.

Stavo sognando di procedere in un corridoio. Al mio passaggio tutte le porte si richiudevano di schianto tranne una, che era spalancata. Avevo guardato dentro, dove una specie di manichino procedeva verso me a velocità spaventosa. Aveva la faccia di Annabelle, la ganza tatuata, e gridava chiedendomi aiuto; ma da quelle labbra deliziose non usciva suono alcuno. Poi avevo sentito sotto le scapole il pavimento e il sogno era sparito.

Visitai per primo il salottino, già pieno di giocatori di pinnacolo.

Passai allora la mattina a poppa, dove tre o quattro distinti signori di mezza età disquisivano di non so che intorno a un basso tavolino. Per non ascoltarli provai a distrarmi con Leo Pulp. La giornata prometteva bene con nuvole grigie in arrivo da ovest, che avevano l'indiscutibile vantaggio di nascondere a grandi tratti il sole. Complice anche il pensiero di Charlotte, dimenticai di andare a pranzo e non mi accorsi che il primo pomeriggio avanzava. Per la prima volta da che ero in crociera mi godetti davvero il panorama. Lungo la costa verde, piccoli uccelli perlustravano il fiume lanciando grida di tanto in tanto. File di pioppi e salici ad alto fusto non riuscivano del tutto a nascondersi dietro certi alberi bassi, forse ontani, dalle chiome tozze protese sull'acqua. Spinsi lo sguardo in avanti lungo la Senna. Forse era un'impressione, ma l'orizzonte sfumava in una caligine nerastra. Parigi non doveva essere lontana, ormai.

Una donna si avvicinava lungo il parapetto. Quando fu a pochi passi la riconobbi. Aveva cercato di abbordarmi già mentre salivo per la prima volta a bordo, a Honfleur. Una dama piuttosto stagionata, probabilmente aristocratica a giudicare dal naso. La lasciai avvicinare e la salutai.

E lei: "Ci conosciamo?"

"Un poco, Madame, di sfuggita. Forse una volta vi ho posato la mano sul…"

"Ah, voi siete quello del mal di mare."

"Arrivederci, signora," dissi, ritornando ai miei pioppi e ai miei salici.

Mi si sedette a fianco. Forse non aveva mai visto un vero duro e voleva recuperare il tempo perso. La ignorai. Non mi sarei fatto rovinare il pomeriggio. Purtroppo aveva la parlantina facile.

"Avete già parlato col nostromo, signore?"

"E a che scopo?"

"Non lo sapete? Ah, nel salone c'è un tale parapiglia! Lo dicevo poco fa per telefono a mia sorella, che è rimasta a Limoges…"

"Non mi sono mosso da qui da questa mattina e… Ma che cosa è successo?"

"Non si trovano più due signori, o forse tre. Perché mia sorella detesta viaggiare, anche se io le dico sempre che…"

Un presentimento mi colpì. "Due signori, avete detto? Ma che intendete dire con 'non si trovano più'?"

"…in viaggio si pescano talvolta buoni partiti…"

"Signora!" gridai "Chi è che non si trova più?"

"…e non è raro che una donna sola come sono io, in crociera… Ma mia sorella non vuole ascoltarmi. Che volete, è fatta così. Ma, signore, dove andate? Signore! Spero di rivedervi!" mi gridò da lontano, perché stavo già correndo lungo una delle terrazze laterali. In un baleno mi infilai nel salone. Afferrai un marinaio e lo rigirai come un burattino. "Che è successo?"

"Purtroppo due persone mancano all'appello, signore. I relativi coniugi ne hanno denunciato la scomparsa stamattina. Stiamo chiedendo la collaborazione dei signori passeggeri per capire se qualcuno li ha visti."

"Ma chi? Chi?"

Prima che il pinguino potesse rispondermi, da sopra la sua spalla incrociai, tra le decine di passeggeri affollati nel salone, gli occhi di Charlotte.

Santo cielo.

Mi feci largo a gomitate e la raggiunsi. La prima cosa che notai furono le guance, da cui il velo purpureo pareva scomparso per sempre. Non vedevo un volto così pallido dalla mia famosa indagine sul mistero dell'anello. Ma questa storia non c'entra.

Ci fissammo. "Annabelle…?" le domandai.

Annuì e abbassò gli occhi. "E anche il mio Daniel." Alzò lo sguardo. "Sono spariti, signor Baguette, non si trovano da nessuna parte. Oh, dio! E se fossero caduti…"

"Non dite così, no," le risposi abbracciandola, perché la poverina non era riuscita a contenere la commozione e ora singhiozzava in silenzio. "Vedrete che li ritroveremo."

"Scusate," disse poi asciugandosi le guance, "credo che il comandante voglia parlarmi di nuovo."

La lasciai allontanare e uscii dal salone. Avevo bisogno di aria fresca. Fissai la riva della Senna pensando. Non sapevo perché, ma il mio intuito infallibile mi diceva che la povera Annabelle e il signor Verlain non sarebbero mai stati trovati, a meno che qualcuno non avesse dragato il fiume. Non so se mi spiego. Ho troppa esperienza di casi umani; i minuscoli indizi che avevo raccolto nei giorni precedenti erano inequivocabili. Non volevano dir nulla, ma erano inequivocabili. E la povera Charlotte, poteva essere una brava attrice? Possibile, anche se sulla mia camicia conservavo ancora l'impronta indelebile delle sue due notevoli lacrime.

Una teoria cominciò a prendere forma nel mio cervello, ma alcuni dettagli erano nebulosi, non riuscivo a incasellarli nel mosaico. Mi spostai sul ponte superiore. Mi conoscete. Penso meglio, quando sono in compagnia di un triplo cognac. Maledizione: quella vacanza omaggio mi sarebbe costata una fortuna in beveraggi extra.

Stavo per salire la scala a chiocciola, quando un figuro mi si piantò davanti. Era Marcus Florent, il marito di Annabelle. Mi venne in mente Caudebec-en-Caux e il sangue mi ribollì.

"Desiderate?"

"Signor Baguette, lasciate in pace la signora Verlain."

Mi stava provocando. Non ci cascai.

"Non mi pare di averla importunata, signore. In ogni caso, non sono affari vostri."

"Forse non sono stato chiaro," disse minaccioso; un suo tallone calò con forza smisurata verso il pavimento. Probabilmente voleva batterlo a terra in un gesto di frustrazione, ma il mio alluce sinistro interruppe la sua corsa. Non glielo feci notare. Sarebbe stato come abbassarmi al suo livello.

"Voi siete agente di commercio, signor Florent?"

"Charlotte è mia amica, ed è spaventata a morte per la strana sparizione di Daniel e di mia moglie. Non voglio che abbia intorno dei cascamorti. Ci siamo capiti?"

Cascamorto a me? Non appena avessi recuperato la funzionalità del piede gliel'avrei appoggiato sul retro dei calzoni.

Ma non ce ne fu bisogno. Il damerino capì che non era aria e si affrettò a smammare.

Il ponte superiore era deserto. Mi buttai su una poltroncina, mi tolsi la scarpa sinistra e ordinai da bere. Maledetto Florent! Aveva interrotto il filo dei miei pensieri, ma in fretta lo riannodai.

Che cosa avevo? Due persone sparite. Ora, su una barca, per grande che sia, non è facile sparire. Non è nemmeno impossibile, nascondigli ce ne sono. Ma, come ho detto, sapevo che qualcosa di irreparabile doveva essere successo. Cosa altro avevo? Indizi, piccoli dettagli. Lo sguardo di una ganza dalle guance purpuree, e questo era niente. Un litigio tra un uomo e la moglie del suo amico, e questo era qualcosa. Sì, ma come collegare insieme i pezzi? Poi c'era qualcosa d'altro, qualcosa di sfuggente eppure importante. Aveva a che fare con Florent? Mi guardai il piede. Sapevo che quando avessi messo a fuoco questo tassello nebuloso, un mosaico sarebbe comparso.

Un marinaio si avvicinò al bancone e si fece dare da bere. Santo cielo, non si trattava di un semplice marinaio bensì del comandante, il signor Piccard. L'avevo conosciuto il giorno prima. Un uomo serio. Mi piaceva.

"Sembra che abbiate un problema, signor Piccard," gli dissi da sopra la spalla.

Si sedette al mio tavolo e mi guardò con aria sconsolata. "Faccio questo mestiere da quattordici anni, Monsieur, ma una cosa simile non era mai successa, sul mio onore!"

"Voi pensate che siano caduti nel fiume?"

"Vi dirò, non so più cosa pensare. La probabilità che cadano nel fiume due persone… Non una, ma due! Eppure, da stamattina la barca è stata rivoltata come un calzino. Non ci sono."

"Siete fortunato, comandante. Davanti a voi c'è il miglior investigatore privato di Parigi. Chiedete in giro di Albin Baguette."

"Vi ringrazio, signor Baguette, se avrò bisogno di aiuto vi terrò presente."

"Che pensate di fare?"

"Tra un'ora saremo a Rouen. Lì chiederò alla polizia fluviale di risalire con un paio di lance la Senna. E spero che non trovino niente, ve l'assicuro!"

Buttò giù quel che restava del suo drink e si allontanò. In effetti, la città di Rouen si vedeva già distintamente, giù verso ovest, proprio dove il sole schiariva le spesse nuvole.

Mi godetti l'attracco osservando dall'alto i marinai che correvano come formiche lanciando cordame e imprecazioni. Due uomini in divisa salirono a bordo, probabilmente si trattava della polizia fluviale. Dopo circa un'ora ne discesero, dirigendosi di nuovo a quella che mi parve una specie di capitaneria di porto. Le lance si staccarono dal pontile e sfrecciarono veloci verso nord.

Non potevo restare lì senza far niente. Dovevo parlare con Charlotte. Ma come evitare di incontrare il buon Florent? Come una lince discesi nel corridoio felpato. Forse la ganza era nella sua cabina. Sì, ma qual era, la n.8 o la n.9? Non potevo rischiare di bussare a quella sbagliata. Ma una hostess che usciva in quel momento dalla n.8 mi tolse ogni dubbio. La signora aveva preso un sonnifero e stava riposando, mi disse, non era il caso di disturbarla.

Durante la cena quella frase mi tormentò. La signora non poteva essere disturbata. Cabina n.8.

Il comandante Piccard venne in sala da pranzo e fece un discorso. Spiegò l'accaduto, che tutti conoscevamo già, aggiungendo che a tarda sera saremmo ripartiti da Rouen per Vernon. Era sicuro, ci disse, che i due passeggeri scomparsi sarebbero presto stati ritrovati a bordo, che si stava facendo il possibile per scovarli e che dunque non c'era motivo perché la crociera non potesse proseguire il suo itinerario.

Molti sbarcarono a Rouen per un *tour* serale, ma io no. Ne avevo abbastanza di paesini e di souvenirs. Passai la serata nella mia cabina a rimuginare. Più rimuginavo più la faccenda si faceva chiara nella mia mente di segugio. Uscii per un breve lasso, verso mezzanotte, solo per scolarmi un doppio cognac sul ponte superiore guardando le luci di Rouen che scomparivano a nord dietro le anse del fiume. Le luci di Vernon, invece, erano ancora avvolte nel mistero. Ma la notte avrebbe portato consiglio.

Venerdì: Vernon.

Mi svegliai di soprassalto con le idee chiarissime. Sapevo esattamente dove si trovavano i due scomparsi e sapevo chi era responsabile della loro sparizione. Non è da tutti.

Mi vestii alla meglio e, senza fare colazione affatto, corsi a cercare il comandante, il signor Piccard. Trovatolo sul ponte di coperta, gli chiesi un urgente colloquio privato. Ero così serio, ed emanavo tanta autorità, che si mise a mia disposizione in modo incondizionato.

"Spero che sia una cosa importante, caro signore. Non ho tempo per le sciocchezze. E sia, vi concedo due minuti." Ci spostammo in uno degli uffici amministrativi, a quell'ora deserto. Cominciai a spiegargli...

"Come avete detto che vi chiamate?" m'interruppe.

"Baguette, signore. Albin Baguette. Investigatore privato con sede a Parigi. Modestamente, il miglior segugio del quartiere latino."

"Andate avanti."

Ricominciai daccapo a spiegargli la mia teoria e il mio piano per chiudere questo strano caso. Man mano che parlavo, il viso del comandante si rilassava e vidi i suoi occhi invasi da una luce diversa. Più volte mi interruppe per farmi ripetere un dettaglio o per lanciare un'esclamazione di sorpresa. Una volta esposti i fatti, gli illustrai il mio piano d'azione. Mi assicurai che la nave disponesse di un gommone a motore. Fui molto preciso. Mi raccomandai che il copione si seguisse nei minimi particolari, specialmente per quel che riguardava l'uso del gommone e dell'ambulanza.

"Che il cielo mi perdoni," mi disse alla fine, "sarà la forza della disperazione, ma voglio credere che la vostra teoria non sia del tutto folle. E il vostro piano potrebbe persino funzionare. Ad ogni modo, provare non ci costa nulla."

Chiamò il nostromo e in mia presenza gli diede le istruzioni del caso. Rimasti di nuovo soli, mi strinse la mano dicendomi: "Al lavoro, signore!" e ci accomiatammo. Erano le 10,30 esatte.

Mi recai subito a poppa, dove per fortuna non trovai la carampana del giorno prima. Accomodato su una panca panoramica, mi godetti lo spettacolo del gommone che veniva calato in mare, partiva a tutta velocità per risalire il fiume e ritornava, compiendo l'andirivieni più e più volte. Altri passeggeri guardavano incuriositi questo singolare viavai, chi appoggiato coi gomiti al parapetto, chi seduto come me sulle panche panoramiche. Udii attempate signore chiedere al marito che cosa stesse succedendo, avendo per risposta una smorfia perplessa.

La costa si avvicinava visibilmente. L'infittirsi delle case e la presenza di una strada trafficata indicavano l'imminente arrivo a Vernon. Sporgendomi dalla murata potevo già scorgere una parte del borgo in attesa. Non c'era più molto tempo. Sperai che gli uomini di Piccard fossero stati istruiti a dovere e non facessero errori. Infatti, a bordo del gommone che risaliva il fiume a tutta velocità, mi parve di vedere un oggetto bislungo coperto da un telo cerato. Il gommone venne issato sopra il tetto del ponte superiore, inaccessibile ai passeggeri. Perfetto. Tutto procedeva secondo i miei piani.

Dopo poco attraccammo, e non volli perdermi lo spettacolo. Le passerelle non erano ancora calate del tutto, quando un'ambulanza a sirene spiegate imboccò il molo di cemento per fermarsi proprio sotto la nave. Due infermieri ne scesero e di corsa salirono a bordo, scomparendo nel ponte di coperta.

Mi recai in sala da pranzo, dove i passeggeri cominciavano ad accomodarsi. Con la coda dell'occhio seguii l'ingresso di Charlotte, la quale si sedette terrea in volto, gli occhi bassi. Florent invece era già seduto al tavolo, gli sguardi ostentatamente puntati fuori della finestra.

Quando i tavoli furono tutti occupati, il comandante si portò al centro della sala e, dopo avermi gettato un'occhiata, cominciò a parlare.

"Signore, signori, un momento di attenzione. Un momento, grazie! Come sapete, il programma della crociera prevede per oggi una sosta per visitare Vernon, dove abbiamo da poco attraccato. Tuttavia, l'improvvisa e misteriosa sparizione di due passeggeri ci impone una modifica di tale programma. Probabilmente tutti voi avete visto con quanto impegno l'equipaggio ha setacciato la nave nella speranza che si trattasse solo di un falso allarme e che la signora Florent e il signor Verlain fossero ritrovati sani e salvi. Inoltre, da molte ore, due lance della polizia fluviale di Rouen perlustrano incessantemente il fiume, scendendo fino a Caudebec-en-Caux. Per non lasciare nulla di intentato, questa mattina uno dei nostri gommoni ha fatto lo stesso, spingendosi a Nord fino quasi a Rouen. Ebbene, vi annuncio che abbiamo recuperato una delle due persone scomparse. La signora Annabelle Florent è molto provata, vista la situazione, ma adesso..."

A questo punto un urlo disumano partì dall'altra parte della sala. Stavo tenendo d'occhio Florent e mi aspettavo la sua reazione.

"Ah! Cosa?" gridò drizzandosi in piedi. "Annabelle! Ma che diavolo dite, siete impazzito?"

"Calmatevi, signor Florent," disse il comandante. "Forse avrei dovuto dirvelo in privato, ma tutti i passeggeri sono al corrente della situazione, mi sembrava giusto dare la notizia in questo modo. Del resto, la signora è appena stata portata a bordo."

"Ma... e adesso... dove?"

"Non preoccupatevi, signore. Vostra moglie si trova in infermeria, sotto sedativo. È molto debilitata ma non ha riportato danni irreparabili. Il medico di bordo, il signor Croquillon, ritiene che non sia il caso di spostarla. Naturalmente abbiamo allertato il pronto soccorso di Vernon. Forse avrete notato l'ambulanza, pochi minuti fa. Anche il medico di Vernon è dell'idea che sia meglio lasciare la signora sedata e trasferirla direttamente all'ospedale di Parigi, dove arriveremo domani."

"Ma, signore!" guaì Charlotte. "Mio marito...?"

"Sono spiacente, signora, il signor Verlain non è stato ritrovato. Nel pomeriggio il gommone riprenderà le ricerche. Vedrete che ritroveremo anche lui."

"Devo vederla!" Gridò Florent muovendo alcuni passi verso l'uscita. Io ero in posizione strategica, pronto ad acchiapparlo se mi fosse passato vicino.

Ma il comandante Piccard: "Fermatevi, signore! Nessuno può vedere vostra moglie, per il momento; nemmeno voi. Ordini tassativi del medico. Adesso sedetevi, vi prego. Potrete vederla forse più tardi. Sedetevi, avanti."

Poi riprese, rivolto verso la sala: "Naturalmente i signori passeggeri possono sbarcare per visitare Vernon, se lo desiderano. Resteremo però soltanto fino alle ore 15, poi ci muoveremo per Parigi. Data la situazione, confido nella comprensione dei signori passeggeri. Grazie a tutti."

Uscendo mi lanciò uno sguardo d'intesa. Sulla sala da pranzo scese un silenzio irreale per alcuni secondi, poi un brusio forsennato riempì l'aria. Con la coda dell'occhio osservai la reazione dei miei due amici. Charlotte aveva reclinato la testa sul petto e sembrava inerte del tutto. Florent fiammeggiava intorno certe occhiate da animale in gabbia. Poi si risolse. Disse qualcosa a Charlotte e, sorreggendola per un braccio, lasciò insieme a lei il salone. Ma avevo istruito bene il comandante e sapevo che l'infermeria era difesa contro ogni tentativo di intrusione. All'uscita dei due, il brusio smarrì il precedente pudore e si trasformò in un chiacchiericcio decisamente troppo squillante per le mie orecchie.

Scesi nella mia cabina, raccattai dal fondo della valigia la Beretta (quanto mi era mancata!) e me la sistemai sotto la giacca. Mi ficcai in tasca Leo Pulp per ammazzare il tempo poi mi recai all'infermeria. Davanti alla porta stazionavano in effetti due marinai dalle dimensioni spropositate.

"Il comandante vi ha detto tutto?" domandai.

"Sì, signor Baguette. Siamo a vostra disposizione."

"Benissimo. Come vi chiamate?"

"Sono il marinaio Remy, signore."

"Venite con me, Remy, avrò bisogno di voi." E all'altro marinaio: "Voi invece, amico, resterete qui fuori. Credete di riuscire a fare il bello addormentato? Potete anche russare se volete. Mi basta che sembriate in preda a un sonno profondo."

Nell'infermeria c'era un letto, che naturalmente era vuoto, trovandosi la povera Annabelle sul fondo della Senna. Con l'aiuto del marinaio sistemai sotto le lenzuola alcuni cuscini, e l'effetto fu abbastanza realistico. A questo punto non restava che attendere.

Provai a fare conversazione, ma quel marinaio non sapeva nulla di rivoltelle e di cognac, non frequentava rosticcerie cinesi e non era stato nella Legione. Pivello. Che vita grama! Mi concentrai allora su Leo Pulp e il tempo mi passò.

A un certo punto udii i motori della nave accendersi, dopo poco le vibrazioni del distacco, poi il leggero rollio. Erano le

15,10. Per un certo tempo mi appisolai anche. Sapevo che non sarebbe successo nulla fino alla sera. Quando i finestrini cominciarono a rabbuiarsi, un marinaio fu così gentile da portare alcuni tramezzini. Erano al tonno. Decisi di digiunare. Meglio. Avrei avuto la mente più lucida.

Verso le 22,00 dissi a Remy: "Cominciamo a prepararci, amico mio. Da adesso in poi ogni momento è buono."

Socchiusi la porta. Il secondo marinaio pareva appisolato. "Tutto bene, ragazzo mio?" Aprì un occhio e mi rispose: "Faccio finta di dormire, signore."

"Bravo. Continuate così."

Richiusi la porta e mi sistemai dietro a un paravento insieme al Remy.

"Che cosa dovrebbe succedere, signore?"

"Ancora non lo so. Forse un uomo entrerà in questa stanza. Quando ve lo dico io, aiutatemi a bloccarlo. State attento, è pericoloso e potrebbe essere armato."

Aspettammo senza scambiare una parola. Era mezzanotte passata quando si udì un rumore molto vicino all'uscio dell'infermeria.

"Che cosa è stato?" bisbigliò Remy.

"Ssst! Lo scopriremo presto. State pronto!"

Sabato: verso Parigi.

Da un pertugio nel paravento potevo vedere la maniglia della porta piano piano abbassarsi. Rimase inclinata per alcuni secondi, poi l'uscio cominciò ad aprirsi. Mi toccai la Beretta nella fondina. Con molta circospezione, alla fioca luce della finestra, una persona entrò. Poi, un'altra persona.

Santo cielo! Erano venuti entrambi.

Il primo figuro impugnava con la destra un coltello, sulla cui lama sbrilluccicava a tratti la luna. Si avvicinò alla branda e cominciò lentamente a scostare il lenzuolo. La seconda ombra stava un passo indietro ma allungava il collo credendo di vedere, una volta scoperta, la povera Annabelle.

Mi accorsi che stavo trattenendo il respiro. Posi una mano sul paravento. Mi sarebbero bastati due secondi, dopo averlo rovesciato a terra, per raggiungere l'interruttore della luce.

159

Ma il cellulare squillò. Dato l'orario, probabilmente era Sophie.

Eravamo scoperti. Mi lanciai avanti esclamando: "Remy, prendete lui! Io penso alla donna!" e nel contempo accesi la luce.

Abbagliati, increduli, al centro dell'infermeria erano i due intrusi. Fu il volgere di un istante; Marcus Florent mi si avventò contro con un terribile urlo. Non estrassi la Beretta: avrei potuto colpire Charlotte. Vidi la lama puntare contro il mio ventre. E l'avrebbe raggiunto, se Florent non fosse stato risucchiato indietro da una forza inusitata: quella del signor Remy.

Il marinaio ci sapeva fare. Bloccato l'aggressore in una morsa ferrea, gli torse il braccio fino a fare cadere il coltello. Improvvisamente mi ricordai di Charlotte, la quale si era scossa e mi passava accanto come un'ombra. Non gliel'avrei permesso.

"Fermatevi!" dissi.

Ma il suo piedino calò come un maglio sul mio alluce sinistro. Per un lungo istante credetti di essere all'aperto sul ponte superiore, dove mille e mille stelline abbagliavano con il loro splendore.

Da dietro le afferrai i vestiti. "È finita, Charlotte," le dissi traendola a me. "È tutto finito."

Si accasciò in ginocchio e poi si accartocciò come un fiore di carta bagnato. Senza udirne il suono, mi accorsi che si era sciolta in un pianto senza speranza.

Florent, la testa reclinata, tentava con qualche scossone di liberarsi, ma il signor Remy era un osso duro. "Ottimo lavoro, amico mio," gli dissi.

Uscii nel corridoio, dove l'altro marinaio faceva ancora finta di dormire. Gli ordinai di andare subito a chiamare il comandante, che arrivò in un minuto. "Così, ci siete riuscito," mi disse guardando la scena che si presentava nell'infermeria.

"Ne dubitavate?"

"Ma come sapevate che...?"

"Per via di un numero."

"Prego?"

Il mio cellulare squillava ancora. "Sophie, ti richiamo io!" dissi, e ripresi la mia spiegazione.

"Il numero di una cabina. Vedete, per tutta una serie di circostanze che non voglio elencare, stavo già osservando queste due coppie. C'erano state questioni di sguardi, per non parlare di uno strano litigio tra i due signori che vedete qui. Mi ero fatto l'idea che fosse nata una coppia, diciamo così, trasversale, tra questo signore e la cara Charlotte. Oh, cose che succedono ogni giorno, ma qui c'era qualcosa di singolare. Sì perché essi, invece di trescare come fanno tutti coloro che sono sposati con altri, tra loro litigavano, e anche con un certo livore. È stato questo, a insospettirmi."

"Ma, questo ha forse a che fare con la fasciatura che avete in testa?"

"Più o meno. Lasciatemi finire. L'altro giorno, mi pare mercoledì, passando davanti alle loro cabine, ho visto il povero Verlain uscire sul corridoio. Nulla di strano, certo, o almeno così pensai in quel momento. Ma quell'incontro mi ha ossessionato nelle ore successive, e non riuscivo a capire perché. Poi stanotte, finalmente, ho capito!"

"Avete capito?"

"Sì, signore. Perché ieri volevo parlare con Charlotte, e la cercai nella sua cabina. Proprio in quel momento ne usciva una hostess, che mi pregò di non disturbare la signora. Ma la hostess usciva dalla porta n.8. e allora qualcosa nel mio cervello si è messa in moto, anche se non sapevo cosa fosse. E questa notte, improvvisamente, mi sono ricordato che la cabina da cui avevo visto uscire Verlain non era la n.8!"

"Non era la n.8?

"No, signore! Era la n.9! La n.9, capite? La cabina dei coniugi Verlain era la n.8, mentre la n.9 era quella dei Florent. Verlain usciva non dalla sua camera, ma da quella di Annabelle. Questo dettaglio, insieme agli altri che già avevo, ha composto finalmente un mosaico comprensibile. Ed ecco come stavano le cose. Le due coppie, lo sappiamo, si conoscono dai tempi dell'università…"

"Signor Baguette," disse allora Remy, "il nostro amico si sta agitando. Che faccio, lo stendo?"

"Tenetelo stretto ancora un poco, signor Remy, ho quasi finito. Allora, dicevo che si conoscevano da anni: tra il signor Verlain e la signora Florent era nato un amore, o una tresca se preferite. A un certo punto i rispettivi coniugi scoprono il gioco, o forse solo uno dei due lo scopre e lo rivela all'altro. Fatto sta che si alleano per vendicarsi del tradimento, per così dire, incrociato. Ora, tra vendicarsi e ammazzare qualcuno ce ne corre. Ma io li avevo visti discutere con una ferocia che denunciava una tensione non comune. Stavano preparandosi a commettere un doppio omicidio. Forse non ci avete mai pensato, comandante, ma una crociera è il luogo ideale per commettere un assassinio. Durante la notte, mentre la nave fila, si getta fuori bordo un corpo, magari appesantito con un oggetto di qualunque tipo, oggetto che su una barca non è difficile trovare, e il gioco è fatto. La sparizione viene scoperta immancabilmente dopo molte ore e sarà lo stesso assassino a denunciarla. Si penserà a un malore, a una disgrazia. Nel frattempo, le correnti e la zavorra avranno reso molto più difficile il ritrovamento. La vittima non va uccisa, ma solo tramortita affinché, nel caso il corpo venga ripescato, si creda davvero a un annegamento. Un grave errore è stato però quello di gettare nel fiume entrambi i coniugi infedeli, perché ciò rendeva altamente improbabile una disgrazia, diciamo, naturale. Il tipo di errore in cui un assassino poco esperto cade. Quando abbiamo fatto loro credere che Annabelle fosse stata ripescata viva, si rendeva necessario farla tacere. Io, veramente, aspettavo solo Florent. Ma forse dopotutto la cara Charlotte non si fidava del suo drudo. Dico bene, Charlotte?"

La ganza era ancora accasciata e scuoteva lentamente a destra e a sinistra la testa. Mugugnò qualcosa. "Come dite?" domandò il comandante. Le si chinò accanto.

"Che ha detto?" domandai.

Il comandante si rialzò. "Mah, non riesco a capire. Mi è parso che abbia detto: 'è stata un'idea sua' o qualcosa di simile."

"Già, non stento a crederlo." Mi mossi e, dopo aver percorso il corridoio, uscii sotto le stelle. Alla mia sinistra il cielo cominciava a sbiadire: erano le 6,14 di sabato. Però, a sud, una specie di nuvola stagnava sull'orizzonte. Era luminosissima e nera. Affogava il lucore della volta in un'opalescenza che mi tolse il respiro, perché mi parve già di avvertirne l'odore. Era Parigi.

Una settimana dopo: Parigi.

"Insomma, niente di che. Visto un fiume, visti tutti. E vai piano! Mi fa ancora male il piede."

Sei sempre il solito, Albin! Una crociera è romantica! Anzi, la prossima volta cercherò di venire con te. Che ne dici?

"Calma. Bisogna raccogliere cento etichette, imbustarle e spedirle. Per ora sono solo a quattro."

Etichette di cognac?

"Certo! Come credi che abbia vinto quella crociera?"

Oh, Albin, sei pieno di risorse.

Stavo passeggiando con Sophie sul lungofiume. Un cliente le aveva dato buca e si ritrovava un'ora libera. La nuvola maligna era in piena attività; rimpiansi di non essere rimasto a Caudebec-en-Caux con le sue cupole moresche. Ma forse io sono un animale da Parigi, dopotutto.

Potevi, però, portarmi un regalino!

"Ti ho già spiegato com'è andata. Ah, ti sarebbe piaciuto!"

Lo credo bene! Quanto hai detto che era lunga, quella torre?

Parlando, avevamo imboccato il ponte di Sully per tornare al quartiere latino, quando vidi qualcosa.

"Sophie, di' un po'. Vedi anche tu qualcosa, lì sull'acqua?"

Qualcosa? Oh, sì. Sembra una foglia. Una grande foglia d'acero portata dal fiume. Come corre! Eh, Albin?

"Già, una grande foglia", dissi, e continuai a fissare, quasi ipnotizzato, quell'oggetto che sembrava, ma certo non era, una mano di donna, delicata e sottile. Avrei dato chissà che per vedere se più in basso ci fosse, tatuata, una farfalla.

Il mistero del marito assicurato

Certe sere d'autunno a Parigi: non so se mi spiego. A Saint Sulpice, dietro un vecchio portone che probabilmente non avete mai notato, si apre l'ingresso di un locale chiamato Henry's. Non l'avrei notato nemmeno io se non mi ci avesse portato una sera di tanti anni fa (sempre una sera d'autunno) la cara Sophie. A quell'epoca aveva già un debole per il sottoscritto; non che fosse la sola.

Bene, molti anni dopo l'Henry's era diventata un'abitudine. Fu lì che feci l'incontro con quell'agente assicurativo. Stavo buttando giù il terzo cognac e, come sempre, scrutavo intorno. Primo, perché talvolta all'Henry's capita una di quelle bambole che non vanno troppo per il sottile e io non amo farmi scappare un'occasione; secondo, perché un vero duro scruta sempre intorno. Nel mio mestiere – e conoscendo i clienti dell'Henry's – la prudenza non è mai troppa.

"Jean-Claude," dissi al barista, "quanti me ne sono fatti?"

"Questo è il settimo, signor Baguette."

Naturalmente lo sapevo. Ci vuole altro per farmi sbronzare. Ma la serata era fiacca e avevo avuto una giornata pesante; a volte un po' di conversazione non guasta, sia pure con Jean-Claude solamente.

"Tu lo sai, vero, Jean-Claude, che ci vuole altro per fare sbronzare Albin Baguette?"

"Sì, signore," mi rispose, "ma ora tiratevi su, sedetevi per bene. Non vorreste cadere di nuovo dallo sgabello. E poi, signore, mi chiamo Jean-Paul."

Cadere, io? Non mi conosceva.

Fu nel mezzo di questa conversazione che il tizio entrò nel locale. Lo notai subito. Non per niente mi chiamano 'l'aquila del quartiere latino'. Certo, un tipo come quello! Non passa inosservato in un locale come l'Henry's. Era una specie di damerino con la faccia da sbarbato. Se non era un impiegato di banca, scommisi subito, poteva essere solo uno studentello d'università. Me ne intendo. Aveva un completo intonato e la cravatta ben allacciata sulla camicia che (sperai di sbagliarmi) sembrava perfino pulita. D'istinto mi toccai la cravatta. Pareva un cappio fatto con il lenzuolo del carcere. Se il nodo fosse stato di poco più allentato si sarebbe potuto parlare di foulard.

Il damerino si avvicinò al bancone senza smettere di lanciare sguardi preoccupati d'intorno. Probabilmente non aveva dimestichezza con un locale per duri.

"Dimmi, amico. Che ti do?" gli disse Jean-Claude, guardandolo come si guarda un oggetto strano di cui si ignora l'utilità.

"Ah, sì, signore, io cerco una persona. Mi hanno detto che potevo trovarla qui."

"Una persona?" rise Jean-Claude. "Di persone ne abbiamo tante, guardati un po' intorno! Scegli pure quella che preferisci e portatela a casa."

Un damerino di buon senso, a questo punto, avrebbe capito di non essere nel posto giusto. Non so se mi spiego. Invece il tizio si guardò intorno davvero, smarrito. "No, signore," riprese ostinato, "cerco una persona in particolare: il signor Albin Baguette."

Jean-Claude non fece l'errore di guardarmi. Nel nostro ambiente, quando qualcuno è ricercato, spesso non ci tiene a essere trovato. "Non è qui. Che cosa volete da lui? Posso riferire quando lo vedo."

"Ah, no, signore, è una cosa delicata. Devo parlare proprio con lui. Ho bisogno di una sua prestazione professionale; lo pagherò per questo."

"Sono io!" gridai. Un cliente è un cliente e io sono sempre in servizio, anche dopo il terzo cognac. E poi ero curioso di sapere cosa volesse, un uomo come quello, da me. Sentivo puzza di guai. La cosa non mi dispiaceva.

"Sarebbe lui?" domandò guardandomi. "Ma è ubriaco."

Ubriaco, io? Il poverino non mi conosceva.

"Lo so," disse Jean-Claude, "ma non preoccupatevi: lo è tutte le sere. Ora, o vi sdraiate anche voi sul pavimento o mi aiutate a rimetterlo seduto."

Non ce n'era bisogno. Al momento opportuno sarei balzato in piedi per conto mio. Ma li lasciai fare: era una tattica per osservare il damerino e farmene un'idea più precisa.

Cominciai: "Ditemi tutto: che posso fare per voi signor...? Signor?"

"Mi chiamo Arouet, signore. Baptiste Arouet. Sono un agente assicurativo."

"Assicurativo?"

"Sì, signore. Ecco, bevete un po' di caffè. La mia compagnia è alle prese con un affare... diciamo, spinoso. Ora, mi trovo davvero nei guai, signor Baguette, e qualcuno mi ha fatto il vostro nome. A quanto si dice siete un investigatore privato molto efficiente."

"Sono cento al giorno più le spese, di cui trecento anticipati, signor... Signor?"

"Arouet, signore. Il denaro non è un problema. Ma mi rimane poco tempo per risolvere una brutta faccenda e credo che solo voi possiate aiutarmi."

"Il denaro non è un problema, avete detto? Non ho capito il nome della vostra compagnia, signor..."

"Arouet. Ma, Monsieur Baguette, è necessario che ne discutiamo in questo bar? Si tratta di una cosa delicata, signore."

Il damerino aveva ragione. "Avete ragione. Venite a trovarmi domattina in ufficio," dissi mentre gli passavo il mio biglietto da visita. "Verso le dieci. Parleremo con più calma. C'è troppa gente qui."

"D'accordo, Monsieur Baguette. Vi faccio notare tuttavia che mi avete dato un biglietto strano. Sembra uno scontrino di lavanderia."

"E poi questo locale è inadatto a voi," dissi. Gli allungai il mio biglietto da visita e lui mi restituì lo scontrino. Senza quel tagliando non avrei potuto ritirare i calzoni, l'indomani, e questo era un lusso che non potevo permettermi. "Uno come voi potrebbe farsi male," proseguii, "è pieno di gente che ha alzato il gomito, non so se mi spiego."

La mattina dopo avevo le ossa peste e un sapore di fogna nelle fauci. Probabilmente a causa del clima di Parigi. Non che non mi piaccia l'autunno; ma Parigi è molto umida in ottobre. Un giorno mi sarei trasferito in Italia. Forse a Venezia.

Mancavano venti minuti alle dieci quando arrivai in ufficio. Decisi di salire a piedi. Detesto gli ascensori: apparecchi infernali che rammolliscono le membra. Un vero duro dovrebbe sempre evitarli. Del resto, quattro piani di scale non hanno mai ucciso nessuno.

Giunto al quarto piano mi fermai e mi misi in ascolto. Il corridoio era silenzioso, ma il mio intuito infallibile mi diceva che qualcosa non quadrava. Posai il palmo sulla Beretta e mi avvicinai alla porta del mio ufficio. Sembrava aperta. Strano: ero certo di averla chiusa la sera prima. Comunque, con una serratura rotta non si può mai dire. La mano destra sul calcio del ferro, infilai la sinistra all'interno e afferrai l'uscio. Non toccai la maniglia per non insospettire un eventuale intruso. È una tecnica che ho imparato nella Legione. Il ladruncolo avrebbe avuto una festa di benvenuto, non so se mi spiego.

Una mano calò sulla mia spalla. "Buongiorno!" disse una voce. Questo, nella Legione, non era previsto.

Forse vi sembrerà strano, ma non fui affatto sorpreso. Dopotutto stavo aspettando un cliente. Era normale che fosse arrivato pochi istanti dopo di me e che si annunciasse in modo virile con un colpetto sulla mia spalla. Non avevo udito il rumore dell'ascensore perché il mio è un palazzo antico. Mai avuto, l'ascensore. Tutto spiegabile, quindi: avevo anche riconosciuto la voce del damerino. Mi mostrai calmo e professionale.

"Merde!" gridai tirando la porta con tutte le mie forze. Si sarebbe anche chiusa se la mia mano non avesse fatto spessore. Ma ci sono abituato: una volta nella Legione, durante una missione delicatissima, mi cadde su un piede un'intera cassa di fagioli in scatola. Ci vuole altro per Albin Baguette.

"Oh, mio dio, la vostra mano!" disse il damerino. Era proprio lui, infatti. Non mi ero sbagliato.

"Lasciate perdere," risposi. Attraversai il vestibolo e lo feci entrare in ufficio. Dopo essermi buttato sulla mia poltrona mi versai tre dita d'acquavite. Mi schiarisce le idee. "Accomodatevi e ditemi tutto," dissi. Il bambolo tirò fuori il portafogli, ma lo fermai con un gesto. "Non ho ancora accettato il vostro caso, signor… Signor?"

"Sempre Arouet. Ma spero bene che l'accetterete, siete la mia ultima speranza."

"Ultima, eh?" guardai attraverso i vetri appiccicosi dello studio. La vista del Notre-Dame mi aiuta sempre a ragionare. Non che si veda il Notre-Dame dalle mie finestre, ma me lo ricordavo bene, ed era quasi la stessa cosa. Non è da tutti avere l'ufficio in posizione quasi privilegiata.

"Bene, sono tutt'orecchi," dissi. Mi adagiai sulla poltrona, trangugiai l'acquavite e chiusi gli occhi.

"Ecco, signor Baguette, come vi dicevo ieri sera, io lavoro per una compagnia di assicurazioni… di cui, per il momento… voi capirete, preferirei…"

"Non importa. Andate avanti."

"Si tratta di una polizza sulla vita. Vedete…"

"Sulla vita, eh?"

"Sì, signore. Vedete, uno dei nostri clienti ha assicurato la sua vita per una cifra molto alta, a beneficio della moglie. Fin qui, niente di strano. Ma, circa tre mesi fa, quest'uomo è sparito."

"Come, sparito?"

"Sparito. Nel nulla. Molte volte siamo stati nella sua villa (ha una bella casa agli Invalidi) per interrogare la moglie e, capirete, ci siamo guardati intorno. Ma del cliente nessuna traccia. Naturalmente, pochi giorni dopo la scomparsa, la signora aveva sporto denuncia alla polizia…"

"Javert!" dissi amaro, con un sorriso di sbieco.

"Il commissario Javert, sì. Ma nemmeno loro sono riusciti a cavare un ragno dal buco. Questo figlio di… Questo tizio sembra essersi volatilizzato. Quasi fosse stato inghiottito dalla Senna."

"È una possibilità…" lo interruppi. La cosa cominciava a farsi interessante. Non so perché, ma i miei sensi allenati di segugio del quartiere latino mi dicevano che questo caso non era comune.

"Ci abbiamo pensato, signor Baguette. Eppure il corpo non è stato ritrovato. Per quel che ne sappiamo, il nostro cliente è vivo e vegeto."

"E ditemi, signor… Signor?"

"Arouet."

"Che interesse avrebbe questo fantasma a scomparire? E che interesse avreste voi a farlo ricomparire in carne e ossa?"

"La cosa è molto semplice, signor Baguette. Come saprete, la legge stabilisce che se una persona è dispersa o irreperibile per tre mesi e un giorno, dopo questo termine i famigliari hanno il diritto a dichiararla legalmente morta. Il termine scade tra una settimana, signore. Se allora il cliente non sarà ricomparso la moglie chiederà un risarcimento principesco, che la mia compagnia non potrà evitare di sborsare. Questa sarebbe una vera disdetta per noi, signore."

"Principesco, eh?"

"Esattamente, signore. Capirete che è nostro interesse che il cliente sia trovato prima di quel termine. Ecco, posso contare sul vostro aiuto, Monsieur Baguette?"

"Un momento signor... Signore. Come potete essere certi che l'uomo non abbia preso il volo? Magari in questo momento è su una spiaggia del Brasile e ride di voi."

"Mi chiamo Arouet. No, signor Baguette. La signora ci ha mostrato il passaporto del marito, che perciò non può avere espatriato. E prevengo la prossima domanda: non si è nemmeno spostato in treno o con altri mezzi. Siamo sicuri che la sua carta di credito non è stata usata: nel suo conto in banca non si è mosso nulla dal giorno della sua sparizione. Senza denaro, dove può mai essere andato?"

"Voi pensate a tutto, eh?" Rimuginai per un paio di minuti. Un'idea mi frullava. "Amico mio," infine dissi, "mi avete convinto. Ma, considerata la natura..." e qui feci una pausa "...la natura singolare di questa faccenda, credo che dovrò modificare le mie richieste economiche."

"Avevate detto..."

"Dico che se io ritrovo il vostro scomparso marito voi risparmierete un bel po' di grano. Che cosa sono centomila per una compagnia come la vostra?"

Mi era venuta così. So a cosa state pensando: era un azzardo, una pazzia. Ma quel damerino aveva parlato un po' troppo e un vero duro non perde mai l'occasione. In ballo c'erano un mucchio di banane e io volevo la mia parte. Gli avevo buttato sul tavolo la mia richiesta con un'espressione così risoluta che il bambino cedette immediatamente.

"Non se ne parla nemmeno. Ve ne offro duemila. Prendere o lasciare."

Poveretto. Era stato sopraffatto dalla sorpresa.

"D'accordo," dissi. "Ma non dimenticate i trecento anticipati."

"In questa busta c'è il vostro anticipo e tutte le informazioni che vi servono. Generalità del cliente e della moglie, indirizzo dell'abitazione. Mi sono permesso di aggiungere una descrizione dettagliata dell'assicurato. Le sue abitudini, i suoi hobbies, nel caso potesse servirvi."

"Tutto può servire. Ora vi prego di lasciarmi lavorare. Mi farò vivo io se avrò bisogno."

Lo buttai fuori, avevo bisogno di pensare. Inoltre era quasi mezzogiorno; tra poco la lavanderia avrebbe chiuso e addio calzoni. Maledette tintorie del quartiere latino.

Nel pomeriggio lo chiamai.

"Signor...?"

"Ma chi parla?"

"Sono Baguette."

"Ah, sì, ditemi. L'avete trovato?"

"Non dite stupidaggini. Ho bisogno di entrare in quella casa. Potete passare a prendermi, diciamo adesso?"

"Datemi venti minuti e sono lì. Ma avete scoperto qualcosa?"

Riattaccai. Diciassette minuti dopo il campanello suonò. Scesi in strada.

Era una brutta giornata. Sapete, quelle giornate d'autunno con troppo sole, non so se mi spiego. Essendo già basso, produceva ombre sinistre sulla facciata del Museo Nazionale. Almeno, così immaginai.

Prendemmo la metro per il rione Invalidi. Per tutto il tempo Arouet mi interrogò sulle mie indagini. Avevo scoperto qualcosa? Avevo una traccia? Notizie dai miei informatori?

"Santo cielo! Mi avete ingaggiato soltanto stamattina! Datemi tempo."

"Io non ho tempo, Monsieur Baguette."

"Allora dovevate venire a cercarmi un mese fa."

"Ma che cosa volete chiedere alla signora Venturin? L'ho già chiamata e le ho detto che le avremmo fatto visita. Vi presenterò come un mio collega della Compagnia."

"Alla signora non voglio chiedere un fico secco. Ma ho un'idea che mi frulla per la testa. Ho solo bisogno di curiosare in giro per la casa. Credete di riuscire a distrarre la signora mentre io do un'occhiata?"

"Credo di sì," mi disse, ma il suo sguardo era strano. Vorrei essere fulminato se il damerino non cominciava a dubitare di Albin Baguette. Non mi conosceva.

Il villino era davvero notevole. Roba di lusso. Sorgeva, con la sua aria fine '800, nell'anonima rue de la Comète. Non che io mi intenda di architettura o di altre sciocchezze da effemminati, sia chiaro. Un enorme palazzo moderno incombeva verticale così a ridosso di questo villino che sembrava volervi rovinare sopra. Per il resto, un giardino molto curato su un lato, un bel vialetto d'ingresso, un'auto costosa parcheggiata davanti alla rimessa di legno dipinto di bianco, molte azalee sui davanzali.

La signora Venturin ci venne ad aprire in vestaglia di seta celeste, una seta con strani ricami floreali e molti rigonfiamenti. Non so se mi spiego. Poteva avere quarant'anni o poco più e non era affatto male. Non troppo alta, aveva due occhietti color blu stoviglia che sbirciavano senza averne l'aria. Il suo caschetto moro e lucido, a ogni movimento, spandeva profumo di lillà. Non che fosse roba per me. Troppo chic.

Arouet mi presentò come un collega. Le disse che mancavano alcune informazioni per chiudere la pratica dello scomparso marito. Fu molto abile a farsi intrattenere dalla signora e a farsi offrire il tè in un salotto che pareva fermo ai tempi di Flaubert. Al momento giusto, domandai della toilette e cominciai la mia perlustrazione. Avevo uno scopo ben preciso: misurare le stanze. Per mia fortuna la signora non aveva servitù. Quando misuro una stanza non amo essere disturbato.

Al piano terreno contai quattro locali, salotto compreso; in tutti presi le distanze usando i passi. Il salotto (fingendo di ammirare certi quadri l'avevo percorso lungo le due direzioni) misurava otto passi per sette. L'androne con la scala otto per cinque. La cucina sette per tre, un piccolo ripostiglio cinque per tre.

Sgattaiolai al primo piano, che un corridoio a elle divideva in due. Il primo ballatoio misurava due passi e mezzo per sei. Nella parte lunga del corridoio, alla mia destra erano due camere: una degli ospiti, perfettamente in ordine e pulita, e una dei coniugi Venturin, o meglio della signora Venturin (così giudicai da certe calze posate sopra un pouf: che ad annusarle bene sapevano di lillà). La prima misurava cinque passi per cinque, la seconda sei per cinque. La parte sinistra del corridoio dava su due stanze: uno studio (cinque passi per cinque) e una grande stanza da bagno con una vasca dai piedi di leone (cinque passi per quattro). Il corridoio, infine, misurava undici passi per un passo e mezzo.

Il secondo piano ospitava solo un'enorme soffitta la quale prendeva luce da basse finestre ad abbaino sui quattro lati.

Ne sapevo a sufficienza: il caso era quasi risolto. Non è da tutti.

Discesi quelle vecchie scale con passo felpato. All'occorrenza sono un gatto. Ma erano scale sdrucciolevoli, consumate dall'uso. In un istante fui al piano terreno. Mi ci volle quasi un minuto per riprendere l'uso e la sensibilità della gamba sinistra e dei gomiti, ma quando sono euforico per avere risolto un caso non bado al dolore fisico.

"Che cosa è stato quel rumore?" mi domandò la signora Venturin appena tornai nel salotto.

"Probabilmente un gatto," risposi. In tutto ero rimasto in perlustrazione cinque o sei minuti. La professionalità non è acqua. Feci cenno ad Arouet che era tempo di smammare, lui capì al volo e ci congedammo da M.me Venturin e dai suoi rigonfiamenti.

"Ma che avete fatto?" mi domandò quando fummo in strada.

"Non preoccupatevi. Ho idea che molto presto il mistero sarà svelato. Preparatevi a riabbracciare il caro signor Venturin."

Non mi sbottonai oltre. Erano ormai le sette del pomeriggio. Diedi appuntamento ad Arouet per il giorno successivo, sempre alle sette, a casa Venturin. Nel frattempo avrei trovato i pochi tasselli mancanti del mosaico. Che metafora raffinata. Non è da tutti.

"A domani, signor… E fidatevi di me."

"Arouet. Ci sarò, signore. Spero che sappiate quel che fate."

La sera di Parigi era calata: la nuvola maligna si stava mescolando a una nebbia bassa e appiccicosa. Mi piace, la nebbia. Mi isola dal mondo e mi rinfresca il cervello, non so se mi spiego. Accanto all'hôtel degli Invalidi c'è una fermata della metro e mi ci infilai: avevo bisogno di Giulio, il mio amico italiano giù al Trocadéro.

Mezz'ora dopo stavo ingurgitando la pizza di Giulio e trangugiando la seconda birra. Oltre a fare il frisbee al pomodoro migliore di Parigi, Giulio aveva due doti impareggiabili: poteva trovare qualsiasi informazione su chiunque, in tempi assai brevi. Ma questo ormai lo sapete. Non gli chiesi mai come facesse: a me importavano le informazioni. Il resto era affar suo. Dimenticavo la seconda dote di Giulio: non mi domandava niente in cambio. Sembrava felice di potermi aiutare e ciò lo ricompensava del lavoro svolto. Aveva un fortissimo senso dell'amicizia, o della famiglia, o che so io; sarebbe stato offensivo offrirgli del denaro. Non che mi sia mai passato per la testa di farlo. So bene che tutto ciò denota una mente infantile e irrazionale, ma Giulio era fatto così.

Gli commissionai una piccola ricerca patrimoniale sui coniugi Venturin. Mi interessava conoscere lo stato delle loro finanze. Certo, anche Arouet teneva sotto controllo i loro conti bancari. Ma alla compagnia interessava solo intercettare qualche movimento che avrebbe dato la prova, o quantomeno un indizio, dell'esistenza in vita del signor Venturin. Io cercavo altro e indagavo in diversa direzione.

Pregai Giulio di darmi l'informazione entro l'indomani alle sette di sera. Abbracciandomi, gridò: "L'avrai!"

Adesso, era solo questione di tempo. Guardai l'orologio: erano le dieci passate. Mi restavano ventuno ore fino all'appuntamento dell'indomani, ore che sapevo benissimo come impiegare. Chiamai Sophie, la mia ganza numero uno. Lo so, era tardi, ma non mi serviva preavviso per andare da lei. Sophie aveva sempre tempo per me. Non è da tutti.

Albin tesoro! Sei tu!

"E chi, se no?"

Ma io ti devo tirare le orecchie: è da tanto che non ti fai sentire! Sei proprio cattivo.

"Vorrà dire che verrò da te adesso, così potrai tirarmi le orecchie. Va bene tra dieci minuti? Mi trovo al Trocadéro."

Oh, Albin, mi spiace tanto! Sta per arrivare un cliente. Non posso annullare l'appuntamento!

"Pazienza. Lasciamo perdere."

Capirai: si era prenotato da due settimane! Mi spiace tanto!

"Adesso, ci si prenota."

Ma sì, tesoro... Oh, al diavolo il cliente! Cercherò di sbrigarmela in mezz'ora. Qualcosa mi inventerò.

"Un'emicrania?"

Non essere sciocchino. Allora, ti aspetto verso mezzanotte.

"Non è un po' tardi?"

Promettimi che verrai. Ci conto, sai?

Riattaccai.

Meglio. Ne avrei approfittato per fare rifornimento di liquidi all'Henry's. Così, ripresi la metro per il quartiere latino e passai per Saint Sulpice. Non ci si presenta da una signora come Sophie a mani vuote. Di solito, era molto apprezzato un buon cognac. Spesi tre euro e cinquanta per una bottiglia del migliore. L'avrebbe resa felice fino al mattino dopo.

Ma sarebbero servite due bottiglie, perché rimasi da Sophie da mezzanotte alle quattro passate del pomeriggio seguente. Una cosa tira l'altra.

Mentre scendevo barcollando le scale di Sophie arrivò la telefonata di Giulio. L'italiano aveva fatto un buon lavoro. Ora sapevo tutto sulle finanze dei signori Venturin. Molto interessante: del resto, lo immaginavo. Non restava che scoprire le carte. Con una piccola precauzione. Camminando verso l'ufficio, chiamai Arouet.

"Buongiorno, signore."

"Ah, siete voi, Baguette. Che succede?"

"Nulla. Tutto confermato per oggi alle sette. Ma con una piccola precauzione."

"Sarebbe?"

"Dovreste coinvolgere nell'operazione il buon Javert. Mi perdonerete se non lo faccio io personalmente. I nostri rapporti, ultimamente, sono complicati."

"Cosa devo fare?"

"Contattate Javert e fatevi dare un agente in borghese per oggi. Non c'è bisogno che sia troppo sveglio, è sufficiente che sia grosso."

"Va bene. E poi che si fa?"

"Lasciate fare tutto a me, signor…"

"Arouet."

"Vi spiegherò i dettagli prima di entrare nella villa."

"Sì, ma…"

Riattaccai. Arrivato in ufficio puntai la sveglia per le sei e mezza. Mi buttai sulla poltrona e crollai. Non dormivo da più di trenta ore.

Quando la sveglia suonò, fui tentato di rinunciare al caso e di mandare al diavolo Arouet e la sua compagnia d'assicurazione. Due ore di sonno sono poche anche per il sottoscritto, soprattutto dopo Sophie. Ma non volevo perdermi la faccia del damerino quando avrebbe rivisto il signor Venturin molto da vicino. Raccattai dal cestino diversi fogli di carta appallottolati e me li infilai in tasca, senza dimenticare un vecchio accendino che tengo sempre a portata di mano. Anche se non fumo, un accendino serve sempre.

Davanti al villino dei Venturin, Arouet mi stava aspettando accanto a una specie di gorilla. Javert faceva sempre sul serio, soprattutto se a chiederglielo non ero io. Senza perder tempo in preamboli diedi le istruzioni. Avremmo presentato lo sbirro come un galoppino di Arouet, giustificando la visita come un estremo tentativo della compagnia di pervenire a una mediazione. Non è da tutti saper usare una terminologia tecnica in ogni campo. Arouet avrebbe proposto alla signora - questa era la motivazione ufficiale - di accontentarsi di un risarcimento meno principesco; in cambio, la compagnia avrebbe rinunciato ad azioni legali. La mogliettina ci sarebbe cascata: era proprio la mossa che ci si poteva aspettare da Arouet. Mentre il damerino distraeva la Venturin, io sarei sgattaiolato al piano di sopra, mentre l'agente avrebbe sostato all'inizio della scala.

Ripetei tre volte il copione, quindi suonammo il campanello di casa Venturin.

La signora sembrava lieta di vederci. Anzi, si aspettava una visita di quel genere e, come prima cosa, disse che era disposta a giungere a ragionevoli compromessi pur di accelerare la riscossione del premio. Arouet si mise subito a disquisire di clausole e altri dettagli tecnici.

Al momento opportuno scivolai fuori del salotto. In due salti fui al piano superiore. Percorsi il lungo corridoio e studiai la parete che, in fondo, lo chiudeva. Come avevo notato il giorno precedente, sulla parete erano diversi solchi, come a celare un pannello mobile. Posizionai sul pavimento le mie cartacce vicino al muro e le accesi. Un fumo denso cominciò a sprigionarsi e io lo soffiai verso quelle fenditure. Dopo nemmeno due minuti si udì distintamente, al di là della parete, un colpo di tosse. Era il segnale che aspettavo. Gettai le ultime cartacce sul mio piccolo falò, mi appiattii contro la parete laterale del corridoio e, con tutto il fiato che avevo, mi misi a gridare: "Al fuoco! Al fuoco!"

Si udì un tramestio concitato, dal muro una botola si spalancò con un tonfo. Un uomo in pigiama ne uscì correndo. Pareva che avesse il diavolo alle chiappe, se mi si perdona l'espressione. Non mi degnò di un'occhiata, lanciato come un pazzo lungo il corridoio. Prima di arrivare alle scale, tuttavia, dovette rendersi conto che qualcosa non quadrava e si arrestò di colpo. Di fuoco, infatti, non ce n'era. Ma, quando si voltò per tornare sui propri passi, si trovò di fronte Albin Baguette.

In un istante, poveretto, realizzò che il suo piano era miseramente fallito.

Era ben piantato e sapeva tirare di boxe. Mi sganciò un uno-due al volto, ma non mi conosceva. Incassai con perizia e indietreggiai leggermente sdraiandomi di schiena. Il terzo colpo, se egli avesse osato sferrarlo, sarebbe andato a vuoto. Mi rialzai come un felino ma il vigliacco si era già involato giù per la scala. Era questione di pochi secondi. Se avesse raggiunto la porta, addio Venturin.

"Auè! Pendeeo!" gridai lanciandomi all'inseguimento. Ma prima sputai un dente.

"Arouet, prendetelo!" gridai di nuovo mentre affrontavo le scale, sempre più sdrucciolevoli. Atterrai nell'androne, stavolta quasi senza danni gravi. Mi guardai intorno. Il signor Venturin, il naso paonazzo per la rabbia, provava inutilmente a liberarsi dalla stretta del nostro sbirro, il quale gli serrava il collo con entrambe le braccia. Arouet invece mi fissava con aria preoccupatissima. "Mio dio, Baguette! Volete ammazzarvi? Lasciate che vi aiuti a tirarvi su."

Aiutare me? Non ce n'era bisogno.

"Attento," esclamai a quel punto, "la signora sta scappando!" Avevo notato con la coda dell'occhio la Venturin che, approfittando del parapiglia nell'androne, cercava di svignarsela per la porta principale. Arouet fu abbastanza svelto da anticiparla: le si piantò di fronte sbarrandole la via di fuga. "Io non ci proverei, Madame," le dissi, "è meglio per voi. Signori, vi chiedo di accompagnare questo gentiluomo e la sua dama davanti al commissario Javert. Credo che debbano rispondere di truffa, aggressione, resistenza a pubblico ufficiale, procurato allarme e forse altri reati ancora."

"Vi aiuto a rialzarvi?" disse Arouet.

"Andate," risposi, "qui penso io a chiudere. Chiamatemi più tardi, mi trovate in ufficio."

L'enorme sbirro uscì per primo trascinando per il collo Venturin, poi Arouet che teneva per i polsi la bella signora, finché nel villino scese un po' di pace. Per alcuni minuti non mi mossi. Dopo un'azione concitata mi piace ascoltare il battito del mio cuore, non so se mi spiego. Ma non appena riuscii a districare il gomito dal corrimano mi rialzai e, uscendo pure io, mi richiusi dietro le spalle la porta. Erano le sette e cinquantuno: tutto era durato meno di un'ora.

Arouet mi chiamò la sera stessa verso le dieci e trenta e mi chiese se potevo riceverlo. Gli risposi che ero molto stanco. Mi disse che mi avrebbe pagato subito la parcella in denaro contante. Gli dissi che ero libero anche subito. Dieci minuti dopo gli offersi da bere: "Cognac?"

"No, grazie, signor Baguette. Ma prenderei un'orzata, se l'avete."

"Temo di averla finita. Ecco il vostro cognac."

"Bene, Monsieur, sono venuto a ringraziarvi e a farvi i miei complimenti."

"Risparmiateli. Javert, come l'ha presa?"

"Non bene, signore. Credo che avrebbe preferito trovare lui il signor Venturin."

"Dite davvero?"

"Signor Baguette, perdonate la curiosità, ma mi sto ancora chiedendo come sia stato possibile. Insomma, come facevate a sapere che lo scomparso non si era mai mosso da casa?"

Povero Arouet. Potevo comprendere il suo stupore. Non è cosa di tutti i giorni avere a che fare con un vero segugio. Raccattai un foglio di bloc-notes dalla scrivania e glielo misi in mano. Sopra c'erano questi segni, vergati di mio pugno a matita:

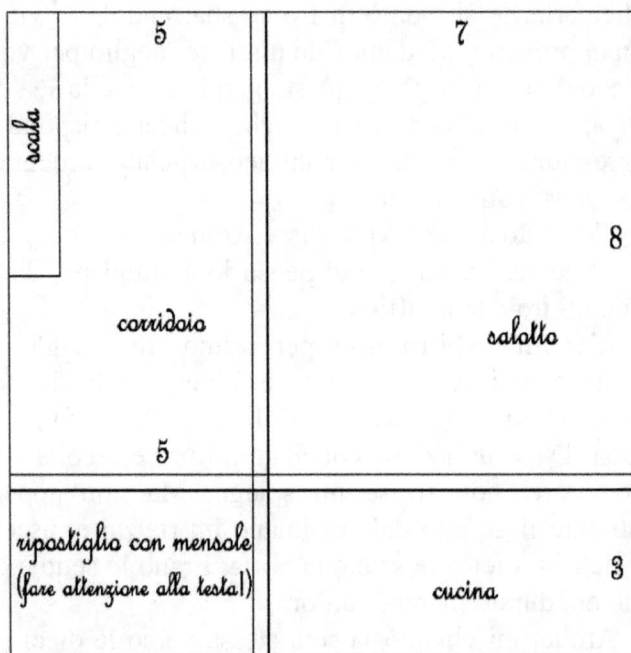

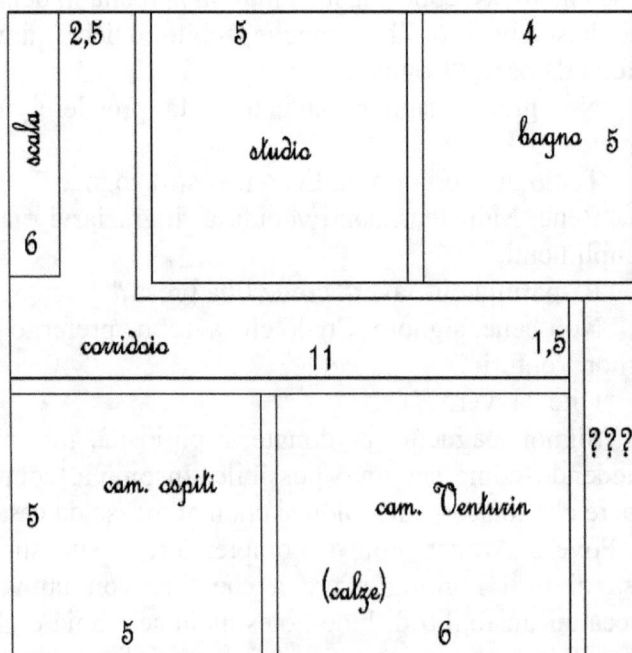

"Ma che cos'è?"

"Abbiate pazienza, signore. Ancora cognac? Vedete, Monsieur..."

"Arouet."

"...il primo indizio me l'avete dato proprio voi, la prima volta che siete venuto qui. Ricordate? Diceste: senza denaro, dove mai può essere andato? Ah, signore, dovrei essere io a farvi i complimenti; perché in quella vostra frase c'era tutto quel che mi serviva! Era la domanda più saggia e intelligente che avreste potuto farmi. Non dico che l'abbiate fatto apposta, questo no. A volte capita a tutti di dire qualcosa di giusto."

Svuotai il bicchiere dal cognac e rimediai all'inconveniente versandovene dell'altro. Poi continuai: "Nella mia vita, signore, ne ho viste di cose. Non è da tutti. Ho visto uomini girare il mondo dopo aver perduto l'amore, o senza una meta, o privi di ideali. Ne ho visti mettersi in viaggio dopo aver smarrito la speranza, o sprovvisti di valigia o liberi dalla moglie. Si può girare il mondo, signor... Signor?"

"Arouet. Arouet!"

"...spogliati d'ogni cosa materiale o spirituale. Non so se mi spiego. Ma un uomo uscire da Parigi senza quattrini! Oh, signore, questo no che non l'ho mai visto! E così mi sono detto subito: non si è mai mosso. Non dico da Parigi, ma proprio da casa sua. La prima cosa di cui avevo bisogno, se ricordate, era visitare la casa dei Venturin. Ho troppa esperienza di nascondigli per non trovarne uno (pensate che una notte, quando rientrò il marito di Giselle... ma ve lo racconterò un'altra volta). Mentre voi intrattenevate la nostra morettina, io misuravo le stanze."

"Cosa facevate, prego?"

"Misuravo. Usando i passi. Il foglio che tenete in mano è la pianta dei due piani di casa Venturin. L'ho disegnato io stesso. Manca solo la soffitta, che non mi interessava perché affacciava sui quattro lati."

"Non vi seguo."

"Lo credo bene. Stavo cercando un nascondiglio, signore. Una soffitta con finestre sui quattro lati è, per sua natura, priva di nascondigli. A me serviva una doppia parete, un ripostiglio cieco. Al piano terreno, lo vedete, i conti tornavano. La somma del salotto più l'ingresso dava un totale di dodici passi, senza contare lo spessore della parete che non superava un palmo. Questa misura…”

“Signore, vi prego!”

“…era confermata dalla misurazione della parete opposta. Sempre dodici passi più un palmo. Anche nell'altro senso i conti tornavano. La somma del salotto più la cucina dava undici passi, e undici passi anche sul lato opposto: ingresso più sgabuzzino, undici passi più il solito palmo di muro divisorio. Al piano primo i calcoli si facevano più complicati… ”

“Per me lo sono già adesso, signor Baguette! Basta così!”

“Mi avete chiesto voi questa spiegazione, signor…”

“Maledizione: Arouet!”

“Si facevano complicati, o meglio non tornavano. Perché, se in una direzione la somma di bagno, corridoio e camera dava lo stesso totale sia su un lato sia su quello opposto, ovvero undici passi e mezzo, più due palmi per tener conto di due tramezzi; se in questa direzione, dico, i conti tornavano, nell'altra direzione c'era un problema. Sì perché la somma del vano scale più lo studio più il bagno (perché non guardate il foglio, signore? dovete guardare il foglio) dava circa undici passi e mezzo più due palmi. Ciò corrispondeva alla stessa misura del piano terra, di dodici passi più un palmo. E questo è normale; se una casa misura dodici passi al piano terreno, perché mai non dovrebbe misurare dodici passi anche al piano primo? Qui viene il bello, signore.”

“Basta, basta, basta.”

“No, signore, qui viene il bello. Perché se sommate la camera degli ospiti alla camera dei Venturin, il risultato è di soli undici passi e un palmo. Anche il corridoio, vedete, misura undici passi e un palmo. Non vedete la stranezza, signore? In questo punto della casa manca un passo. Come potete capire dal mio disegno, c'è un inspiegabile vuoto di circa un passo per sette passi e mezzo. Poteva trattarsi di un ripostiglio, ma non c'era alcuna porta che desse in tale ripostiglio. Oh, la cercai, questa porta, e molto minuziosamente. Tanto da vedere i segni freschi lasciati da un pannello nascosto. La cosa puzzava, signore, e parecchio. Me ne intendo. Il signor Venturin era proprio dietro quel pannello, c'era sempre stato. Non sempre, dico: probabilmente si rifugiava lì quando c'erano ospiti, per il resto si godeva casa sua, stando bene attento ad evitare le finestre."

"Tutto ciò è incredibile!"

"E non è tutto."

"Signor Baguette, è quasi mezzanotte e io..."

"Avevo notato anche altri particolari strani in casa dei Venturin. Un calzino da uomo nella camera dei signori. Una donna come la Venturin non lascia in giro un calzino del marito dopo tre mesi dalla sua scomparsa. Neanche dopo tre minuti, direi. Nel bagno, poi, l'asse del water era alzata. Sapete che le donne dimenticano sempre di alzarla, dopo. Solo un uomo poteva ricordarsi di alzare l'asse del water dopo averlo usato. Io, almeno, lo faccio sempre. Non che si possa fare un paragone tra me e quel Venturin. Ma questi erano dettagli di contorno. Sapevo che la risposta si trovava dietro a quel pannello. Ma non volevo svellerlo. C'era sempre la possibilità che mi sbagliassi e non potevo creare un incidente diplomatico con Madame. Perciò escogitai il trucco del fumo. Il fumo, signore, è fastidioso per chi si trovi a doverlo respirare chiuso in un ripostiglio, ma non lascia tracce di sé."

"Ma per quale motivo non me l'avete detto subito? Avrei abbattuto quel pannello io stesso, altro che incidente diplomatico!"

"Calmatevi. Mi serviva un giorno ancora. Dovevo fare un'ultima verifica, per non parlare di Sophie. Signor..."

"Che mi possano... Arouet... Arouet..."

"Appunto. Vi siete mai dato la pena di controllare le finanze del vostro assicurato?"

"...Arouet..."

"Sì, sì, ho capito. Ma dico, vi siete mai dato la pena? Certo che no. A voi interessavano solo i movimenti. Sapevate, per esempio, che Venturin è a un passo dalla bancarotta?"

"Ma se è un imprenditore!"

"E con ciò? Sapevate che le banche gli hanno chiuso da tempo il rubinetto, per così dire? E sapevate che si è rivolto a certi loschi figuri senza scrupoli (a parte le banche, dico) e che l'ammontare dei suoi interessi passivi è di tutto rispetto?"

"Non lo sapevo."

"Già. Non è da tutti. Ciò rafforzava la mia teoria. Un piano come quello dei Venturin per truffarvi era pazzesco, perché avrebbe comportato la necessità per i coniugi di sparire, subito dopo. Ma ci sono debiti che nessun uomo onesto potrebbe pagare; un individuo schiacciato da tali debiti può arrivare a concepire un piano pazzesco. E l'ha concepito, infatti."

"Signor Baguette, la mia resistenza è arrivata al limite. Farete una relazione per i miei superiori, se non vi dispiace," disse alzandosi, "e questa busta è per voi."

Mi posò sulla scrivania un involto piuttosto cicciuto. Non li contai nemmeno. La classe non è acqua. Volevo che prima uscisse: se in quella busta i conti non fossero tornati avrei fatto sempre in tempo ad acciuffarlo lungo le scale.

"Addio signore," mi disse Arouet, "vi ringrazio da parte mia e da parte…"

"Certo, sì," tagliai corto.

Ero molto stanco. Il damerino sparì giù per le scale del vecchio palazzo e non lo vidi mai più. Lo immaginai, però, mentre usciva dal portone e si scioglieva nella nuvola maligna di Parigi. Lo vidi camminare sulle pozzanghere del quartiere latino, nella notte appiccicosa che si intravedeva fuori delle mie finestre. Gli occhi mi si chiudevano. Mi parve di avere una visione del Notre-Dame e di un'ombra che passava furtiva sotto i suoi mostri di pietra: era Arouet? E il damerino che forse ora infilava la porta dell'Henry's o di un altro locale chic di Saint Sulpice: era lui? A quel tavolo nell'angolo, il più buio, non sedeva Arouet in compagnia dei coniugi Venturin, lei più protuberante e maliziosa che mai? E il quarto uomo, non era forse lo smisurato sbirro di Javert, piegato in due per non toccare il soffitto dell'Henry's? Ero molto stanco. Per fortuna avevo una scrivania su cui posare la guancia. Ma la visione non se ne andò: era come se ci fossi proprio di persona, all'Henry's, e salutavo quella strana compagnia sorridendo, poi arrivò Giulio a gridarmi qualcosa nell'orecchio, tutte le ganze avevano la faccia di Sophie e Jean-Claude era un mostro di pietra. Da quante ore non dormivo? Posai la mano sulla Beretta per un riflesso condizionato.

E poi: zac! Il ventre buio di Parigi risucchiò indietro tutto: Arouet, Giulio, i Venturin, Javert, il gorilla di Javert, Sophie, Jean-Claude, il portalettere del quartiere latino, il signor Hong con tutta la sua chiatta, il Notre-Dame, il mio ufficio al quarto piano, ogni cosa cadde nel buio che premeva fuori delle mie finestre. Tutte queste ombre scivolarono sulla Senna, fecero un lungo giro e vennero ad aspettarmi davanti al portone, pronte per l'indomani: tanto che in quel momento credetti d'aver soltanto sognato, o che fosse solo un grande abbaglio, o un malinteso, o uno scherzo cretino di chissà chi.

Non so se mi spiego.

Il mistero del Père-Lachaise

Una nuvola mi distrasse. Pareva una sirena smisurata, la coda bianca distesa sul 20° arrondissement e il busto sbuffante di vapori. Per un istante fui affascinato dalla sua bellezza cangiante. Il vento diede alla figura certe enormi rotondità bitorzolute: l'immagine di Sophie allora mi balenò, non so se mi spiego. Mi scossi dal sogno. Sono visioni come queste che distolgono fatalmente un segugio dal lavoro. Infatti la mia preda era sparita.

Un cimitero di Parigi, mi dissi, non è così tortuoso da impedirmi di ritrovare un uomo d'affari con cartella sottobraccio, specie in autunno e di martedì, quando non è necessario sgomitare tra i turisti. Io, poi, il Père-Lachaise lo conosco come le mie tasche, essendovi sepolti certi cugini di secondo grado e la povera zia Berenice. Non è da tutti.

Da dietro una tomba monumentale, forse di Molière, uscì la sua sagoma. Puntai la fotocamera verso un angelo di pietra dall'espressione ebete. Si chiamava Tricot. Non l'angelo: dico la mia preda. Lavorava come tecnico capo della *Tresmal*, leader nella costruzione di macchine di precisione per l'industria ceramica. Avrebbe incontrato un losco figuro in gabardine passandogli certe carte riservate? I proprietari della *Tresmal* lo ritenevano probabile. Io lo speravo. Non ero riuscito a farmi dare che un piccolo anticipo, già per metà sacrificato sull'altare dei miei debiti. Restava però da saldare il signor Crobilles per l'affitto di sei o sette mesi arretrati. Non deve stupire quindi che io confidassi nella disonestà del caro signor Tricot.

Fino alla tomba di Gay-Lussac mi riuscì di seguirlo come un'ombra ma, una volta superata la stele del signor Apollinaire, i visitatori facendosi più rarefatti, dovetti procedere con cautela.

Maledetto Tricot. Pareva non avesse mai visto un cimitero. Sperai che si decidesse ad incontrare il suo contatto o ad andarsene. Pedinarlo a quel modo era piuttosto rischioso. Per quanto cercassi di fotografare lapidi ostentatamente, assomigliavo a un turista come a un ballerino di flamenco.

Procedeva in un vialetto perimetrale, svoltò un angolo e lo perdetti. Gli filai dietro allungando il passo. Aggirata una cappelletta, per poco non mi venne un colpo.

Santo cielo!

L'uomo d'affari giaceva con le braccia scomposte, il cappello a una certa distanza e la cartella sotto un ginocchio. Sfoderai la Beretta e mi avvicinai gettando sguardi circolari. Il suo collo era pieno di sangue; sangue che non cessava di uscire da un foro sotto la mascella. Gli guardai gli occhi, aperti ma non vivi. Addio, uomo d'affari con la cartella di documenti che scottano.

Quando non c'è un istante da perdere, di solito il mio cervello comincia a macinare. Il delitto doveva essere avvenuto da non più di un minuto. Come un felino mi lanciai su per il vialetto deserto, verso la porta Gambetta, la più vicina. Accanto alla tomba di Beaujour un giardiniere aveva lasciato un rastrello proprio all'altezza della mia caviglia sinistra, ma un vero duro sa come cadere senza danni. Maledissi il giardiniere e ripresi la corsa. I calzoni versavano in uno stato abominevole ma il cellulare, miracolosamente, era integro. Senza smettere di correre chiamai gli sbirri. Alla porta Gambetta però mi aspettava una sorpresa: era chiusa. Se il mio intuito infallibile non sbagliava, ora l'assassino stava correndo giù verso la porta principale, con più probabilità di riuscire a confondersi tra la folla.

"Gendarmerie, dica pure," disse la ganza.

Mi qualificai e denunciai l'omicidio sollecitando una volante all'entrata del Père-Lachaise che dà su Brd de Ménilmontant. Non lo dico per falsa modestia, ma tra gli sbirri non c'è chi non possa negare di non conoscermi. La centralinista fu molto impressionata di parlare col famoso Baguette, segugio del quartiere latino.

"La volante sta arrivando, signor Bernadette."

"Baguette."

Alla fine del viale principale, presso l'entrata, rallentai guardandomi intorno famelicamente. Non poteva avere corso più veloce di me ed era improbabile che avesse scavalcato i muri di cinta. Troppo alti. Avendo trovato chiusa la porta Gambetta, se fosse stato furbo avrebbe tentato di uscire come un turista qualsiasi dalla porta principale.

Le volanti erano sei. Il commissario Javert sapeva fare le cose in grande. Era venuto anche lui in persona. Non ne avevo dubitato: gli è sempre piaciuto il suo lavoro, ma gli omicidi hanno un gusto particolare. Mi prese in disparte per ringraziarmi della soffiata.

"Ecco: adesso che vi vedo, Baguette, la giornata è rovinata. Che diavolo è successo?"

"Ne sapete quanto me, signore. Non ho assistito al fatto."

"Sì, e magari eravate qui in visita, eh? Con la macchina fotografica a tracolla, eh? Cosa facevate, portavate dei fiori a un parente?"

"La zia Berenice."

"E tutto il sangue che vi esce dal naso? Santa madonna, sembra che vi abbia investito un treno! Il vostro vestito, poi! Me lo dite o no che vi è successo?"

"Ho saltato un rastrello."

Guardandomi fisso biascicò una bestemmia che non voglio qui riportare e, senza aggiungere altro, si voltò incamminandosi per il vialetto. Lo udii solo aggiungere da lontano qualcosa su mia sorella, o forse sulla mia licenza, poi un'altra terribile bestemmia e niente più.

Gli sbirri sciamarono verso il morto e io mi feci da parte osservando. I poveri visitatori e le vedove in visita al marito parevano tonni che andassero al martirio mentre, in fila disordinata, aspettavano di dare le generalità.

Chi era il mio uomo? Il cocco con la faccia da ragioniere? Il bimbetto che artigliava la mano a una tardona molto nasuta e strabuzzava gli occhi avendo sentito nella calca la parola 'omicidio'? E se il mio uomo fosse stata una donna? Esclusi questa ipotesi. Ho troppa esperienza di bambole, quello era un colpo da professionisti.

La bionda niente male dai capelli lunghi, per esempio, che mostrava la carta d'identità al gendarme senza dare segni d'isteria. Poteva un essere così angelico avere lasciato secco il signor Tricot in un lago di sangue? Ora la vidi alzare gli occhi, perché la nuvola bianca aveva allungato a dismisura i suoi orli precisi e non sembrava più una sirena ma un capodoglio, un immenso animale sul punto di...

Ma avrei pagato chissà cosa per sapere che cosa ci vedesse lei, la ganza, nella bestia fatta di vapore sopra la sua testolina. Il suo drudo? Il collegio di quando era bambina? Un mucchio di soldi? E chi poteva saperlo? Gli sbirri non la finivano più di controllarle i documenti, non so se mi spiego. Infine la guardai ondeggiare nel vestitino color tulipano finché i suoi capelli lunghi non furono spariti dietro l'angolo di rue de Bagnolet. I giornalisti cominciavano a volteggiare. Con il permesso di Javert mi dileguai e presi la via della mia tana.

Sulla metro provai a riordinare le idee ma avevo davanti agli occhi, ossessivamente, la gola bucata del signor Tricot. C'era qualcosa in quella faccenda che forse avevo notato ma che non riuscivo a mettere a fuoco. Me ne intendo. Qualcosa come un piccolo indizio che mi potesse dare la chiave del mistero. Ma era troppo presto. Forse Javert ne sarebbe venuto a capo. Intanto, avevo perduto le cento banane al giorno della *Tresmal* perché, se avevo una certezza, era che Tricot non avrebbe più passato segreti industriali a nessuno. L'assassino non aveva certo avuto il tempo di sfilare alcunché dalla cartella, che ricordavo ben chiusa sotto il ginocchio della salma. E allora perché quel pensiero indefinibile in fondo al cervello?

Chiusi la porta a chiave nonostante la serratura rotta e pescai la bottiglia di acquavite. In ufficio ho sempre qualcosa da mangiare, cercando bene. Sotto l'attaccapanni scovai ciò che rimaneva di un vecchio tramezzino con zucchine, probabilmente salsa di carciofi e, mi parve ma non potrei giurare, capperi.

La sera di ottobre era scesa da un pezzo fino ai marciapiedi e con lei la nube maligna. Peccato. Dopo il settimo bicchiere avrei guardato volentieri (quasi mi pareva di vederla) la nuvola bianca che avevo ammirato contro il cielo terso del pomeriggio, zigzagare a forma di sirena tra il Museo nazionale e l'orribile torre di ferro, laggiù al Trocadéro. Non è da tutti avere pensieri tanto romantici e restare però un vero duro.

Mi ricordai delle fotografie. Non che servissero a qualcosa, ormai. Ma forse in quelle immagini avrei trovato il piccolo indizio che intuivo di aver notato. Collegai la fotocamera al computer e, nel frattempo, buttai giù un'altra acquavite con un pensiero repentino alla ganza dai capelli lunghi. Chissà se un giorno, passeggiando per rue de Bagnolet, avrei veduto ondeggiare quel vestito color tulipano, non so se mi spiego. La testa mi crollò sulle braccia e ogni pensiero svanì.

La mattina, il tramezzino era immangiabile. Dopo una notte intera non c'è da stupirsi. L'acquavite invece non aveva cambiato sapore. Ne usai un paio di bicchieri per togliermi il gusto di fogna dalle fauci. Mi guardai nello specchio e mi tornò in mente il rastrello. Sembravo Leo Pulp dopo una scazzottata.

Era necessario tornare al Père-Lachaise, non appena gli sbirri avessero liberato il campo. Per queste faccende servono sempre un paio di giorni. Me ne intendo. Prima però dovevo tentare di scucire qualche altra banana al mio cliente. In fin dei conti ci avevo provato. Non era colpa mia se tutto il sangue di quell'imbecille era uscito da un buco nella gola prima che potesse consegnare i suoi maledetti documenti. A proposito del buco: pensandoci, non mi era sembrato affatto un foro di rivoltella.

Il capo dell'ufficio legale della *Tresmal* fu molto comprensivo, grazie anche al mio tono imperioso.

"Avete anche il coraggio di telefonare, Baguette?" disse gentilmente, "Non mi pare che abbiate conseguito i risultati che ci si aspettava da voi! E adesso mi chiamate e avete la faccia di chiedere altro denaro?"

"Non per me, per il signor Crobilles."

"Dopo quello che è successo? Non siete altro che un cialtrone, signore! Azzardatevi a disturbarmi di nuovo e ci vedremo in tribunale. Ma guarda un po'!"

"E se vi faccio lo sconto del 50%?"

Cadde la linea. La giornata non cominciava sotto i migliori auspici. Così mi misi con poca voglia a scorrere le foto scattate al cimitero. C'era il signor Tricot in tutte le pose. Con statua, senza statua, con turisti, senza turisti. Cominciavo ad annoiarmi quando la vidi! Santo cielo!

Certo, non era perfettamente a fuoco e forse un poco mossa, ma era lei. Quell'idiota di Tricot in primo piano le copriva una parte del volto col gomito, ma era lei. La ganza dal vestito color tulipano o che so io. Poteva somigliare a Sophie se non fosse stato per la classe, i capelli lunghi e l'aria austera. Di Sophie si può dire quel che si vuole tranne che abbia l'aria austera. Ormai non mi servivano più, ma avrei cancellato quelle foto più tardi; avevo idea che avrei dato un'ultima occhiata a quella ganza fuori del comune. Intanto, uscire a fare due passi mi avrebbe schiarito gli orizzonti.

Quando bighellono sul lungofiume, normalmente succedono due cose. La prima è che mi balena qualche idea geniale. La seconda è che la giornata scorre veloce. Arrivato davanti alla chiatta del signor Hong alzai gli occhi su Parigi: la cappa maligna stazionava sopra l'ammezzato dei palazzi, quasi poggiata sulla punta dei lampioni, su, presso l'Île Saint-Louis. Era un fiume grigio e rovesciato, di vapore o materia indefinibile, nel quale la Senna avrebbe potuto specchiarsi, che non scorreva ma si alzava e scendeva lentamente secondo il fremito della città, attutendone il fracasso in un muggito senza fine.

"电话!" gridò qualcuno dietro di me.

Dal volume della voce, giudicai istintivamente che le labbra dell'aggressore si trovassero a pochi millimetri dal mio orecchio. Non è da tutti analizzare con tanta precisione le caratteristiche del nemico in un'azione subitanea. Durante il corso di sopravvivenza nella Legione ho imparato ad eseguire una capriola in avanti in meno di otto decimi di secondo. La tecnica disorienta l'avversario e ci dà il tempo di estrarre l'arma. Ma nella Legione ci si abbiglia con un vestiario adatto. Invece quel giorno io indossavo la mia solita giacca e sfido chiunque ad eseguire una capriola con la giacca impigliata nella ringhiera di una rosticceria. Riuscii però, dopo alcuni tentativi, ad estrarre la Beretta e a voltarmi. Avrei districato il ginocchio dalla ringhiera più tardi, ad azione conclusa.

"电话!" mi ripeté il signor Hong, il quale mi fissava, il coperchio del bidone dei rifiuti in una mano, un cucchiaio di legno nell'altra.

"Telefono? Quale telefono?" domandai.

"您的!"

"Ah, il mio! Avete ragione!"

Infatti il mio cellulare stava squillando, chissà da quanto. Concentrato com'ero sulla visione della città non me n'ero accorto. Era Sophie.

Albin, non ci crederai, sono furibonda!

189

"Sophie, sto lavorando."

Non mi domandi perché? Non ci crederai, un'altra retata della polizia!

"Non mi dire," dissi, e cominciai a fare trazione sulla gamba per sganciarla dalla ringhiera. Quando resto troppo tempo capovolto mi va il sangue alla testa.

Proprio così! Ah, le ragazze sono terrorizzate. Le gemelle lituane vogliono traslocare, pensa! Lulu sta cercando di calmarle. Ma tu, Albin...

"Sophie," la interruppi, "mi sta andando il sangue alla testa."

Oh, Albin, mi fai arrossire! Ma che stavo dicendo? Ah, sì: tu che conosci i pezzi grossi della Gendarmerie, non puoi proprio far nulla, caro?

"Mi serve un fabbro, Sophie."

Quel Javert, per esempio! È lui che comanda. Tu dici sempre che siete amici. Perché non metti una buona parola? Perché, Albin?

"Andiamo, bambola, non ne farei una tragedia. Una retata ogni tanto è da mettere in conto."

Dici bene, tu! Ma se fossi stato qui oggi!

"Magari."

Guarda, ho un diavolo per capello!

Con un clangore riebbi il mio ginocchio. Recuperata la Beretta mi sedetti sui cavi di ormeggio e i pensieri ricominciarono a scorrere.

...are a cinquanta euro quando la Gendarmerie ci fa perdere tempo con ques...

"Com'è che hai detto, Sophie? Un attimo fa, cos'è che hai detto? Che hai un diavolo..?"

Un diavolo per capello, sì! E vorrei vedere te, vorrei vedere! Quando si lavora ones...

"Sophie, ti richiamo io. Ho da fare," dissi e riattaccai.

Un diavolo per capello, aveva detto. Ecco cos'era, la cosa che non mi tornava. I capelli. La cara Sophie, senza volere, mi aveva fatto scorrere i pensieri nella direzione giusta. Adesso sì che cominciavo a divertirmi. Chiamai Giulio, il quale come al solito sapeva tutto; e non solo grazie al telegiornale della sera.

"Ho bisogno che tu mi avverta quando Javert lascia campo libero al Père-Lachaise."

"Non prima di domani pomeriggio, caro Albin!"

"Parla piano. Ad ogni modo, lo immaginavo. Dovresti anche controllare tra i dati delle persone che erano al cimitero al momento del delitto. Scommetto che una di loro, una bambola, lavora nel settore delle macchine per ceramica o giù di lì."

"Per questo," gridò, "mi servirà un'ora!"

A me ne servì solo mezza per tornare in ufficio. Guardai di nuovo le foto e seppi chi aveva ammazzato il caro Tricot. Quando Giulio mi richiamò comunicandomi un nome ne ebbi la conferma. Era quasi mezzanotte e io stavo scrutando dalle finestre. Non è da tutti avere l'ufficio in posizione quasi centrale. Se non ci fosse stato di mezzo l'edificio dell'università avrei quasi potuto vedere il cimitero di Père-Lachaise. Laggiù c'era la prova che avrebbe confermato la mia teoria. Dovevo solo andare a prenderla.

Con la compagnia dell'acquavite mi feci passare la serata. Due cose mi frullavano ossessivamente nel cervello. La prima la conoscete, aveva un vestito color tulipano. Quanto alla seconda, l'affitto arretrato, il signor Crobilles avrebbe dovuto pazientare ancora un poco. Forse mi sarei fatto fare un altro prestito dalla signora Corbusier del terzo piano. Forse un nuovo cliente avrebbe presto bussato alla mia porta. Per quanto scrutassi nel cielo lattiginoso di Parigi, anche a motivo dei vetri non molto puliti, non mi parve di scorgere nemmeno una volta la nuvola bianca a forma di sirena. Con questi pensieri mi buttai vestito sulla branda.

Probabilmente mi appisolai perché, a un certo punto, sognai di udire un rumore provenire dall'anticamera. Il sogno si fece così realistico che aprii gli occhi nel buio. Il rumore però esisteva anche fuori del sogno. Qualcuno era penetrato nel vestibolo. Come era possibile? Maledetta serratura. Decisi che l'avrei fatta aggiustare al più presto, se avessi racimolato un po' di soldi e se fossi rimasto vivo.

Lentamente mi rizzai e pensai che la mia Beretta si trovava appesa all'attaccapanni. Nell'anticamera. Una luce adesso filtrava da sotto la porta e la maniglia stava lentamente, ma decisamente, girando. Ormai ero in piedi, alla fioca luce delle finestre cercai in fretta un'arma.

Non ebbi il tempo di impugnare la pinzatrice che la porta si spalancò di schianto.

Erano in due e ci sapevano fare. Ma non conoscevano Albin Baguette. Il primo mi venne incontro deciso e il suo pugno si infranse contro le ossa facciali più dure del quartiere latino. Per indurlo ad avanzare ancora mi lanciai di schiena contro la libreria. Il poverino cascò nella trappola e io lo lasciai sfogare in una inutile gragnola di colpi. Prima o poi avrebbe dovuto prendere fiato e allora avrebbe assaggiato il mio montante destro. Intanto, nella penombra intravidi l'altro che cercava l'interruttore.

Finalmente alla luce li potei vedere. Quello che avevo pestato mi stava addosso, ansante; per non cadere si reggeva con le mani alle mie orecchie. Era una specie di gorilla con molti chili di troppo. Ma pareva un mingherlino in confronto al suo socio. Non so dove certa gente trovi abiti della sua taglia.

Il grosso esordì: "Sei tu Baguette?"

"I hoa hoo hevivi?"

Si guardarono. "Che lingua parla?" chiese il mingherlino al socio. Fingevano di non comprendere, ma è normale per dei professionisti. Conosco queste tattiche. Non è da tutti.

Per i germogli di soia, i denti canini non sono indispensabili. Me ne rigirai uno sulla lingua e lo sputai con aria di sfida. "In cosa posso servirvi?" ripetei.

"Senti, bello. Stiamo cercando la ragazza. Dov'è? Tu ce lo dici e non ti succede niente."

"La ragazza?"

Sì, dissero, la ragazza, e aggiunsero un nome. Santo cielo! Era lo stesso nome che avevo avuto da Giulio. Stavamo cercando la stessa ganza. Ebbi un'intuizione e decisi di giocarmi il tutto per tutto.

"Stavo per chiedere a voi la stessa cosa. Anche io l'ho persa. Ma non lavoro più per la *Tresmal*. Siete arrivati tardi."

La tattica funzionò. Si guardarono e il grosso prese la parola. "Va bene, Baguette. Forse dici la verità. Vorrà dire che la troveremo senza il tuo aiuto. Tanto peggio per lei."

"Devono valere molto," dissi, "i segreti industriali della *Tresmal*, per costare la vita al corriere. Un corriere molto grazioso, comunque. Fate a chi vi paga i miei complimenti per l'ottima scelta."

Lo smilzo mi restituì i padiglioni auricolari e rispose: "Ti conviene dimenticare tutta questa storia, investigatore, se non vuoi che torniamo a cercarti."

Non risposi alla provocazione. Mi faceva pena, con tutto quel sangue sulle mani. I due pupi girarono i tacchi e levarono le tende. Per questa volta l'avevano passata liscia. Sapevo bene chi li mandava, anzi, pensandoci avrei potuto aspettarmi la loro visita fin dalla sera prima. Il gruppo industriale che li aveva pagati non era riuscito a mettere le mani sui maledetti documenti segreti. Adesso doveva far tacere l'unico testimone dell'affare, l'unica persona in grado di denunciare il tentativo di spionaggio. La ganza.

Un pivello, dopo la visita dei due gorilla, non avrebbe più chiuso occhio. Io invece mi misi alla svelta del cotone nelle narici, chiusi (per così dire) la porta d'ingresso e mi buttai di nuovo sulla branda. Forse avrei dovuto smettere di passare le notti in ufficio.

Inutile dire che fin dal giovedì mattina ero appostato davanti al Père-Lachaise. Qualche madama stagionata attendeva che la polizia togliesse i sigilli, cosa che avvenne verso le 15. Dal bar *Le Purgatoire*, situato in posizione strategica, mi mossi allora verso l'entrata, non prima di avere pagato i miei drink. Un vero duro non siede al tavolino di un caffè senza bere qualcosa di forte.

"Dite un po', giovanotto, venti euro non vi sembrano una truffa? Con chi credete di avere a che fare?"

"Non direi, signore, dieci aranciate a due euro l'una fanno…"

"Va bene, lasciamo perdere."

Varcai la cancellata e mi avviai circospetto lungo il viale principale, raggiungendo subito la scena del crimine. Nulla lasciava immaginare quel che era avvenuto due giorni prima. Passai la punta della scarpa tra una pietra e l'altra dell'acciottolato. Solo una piccola macchia scura, forse, tradiva la presenza recente di sangue. Lì era caduto l'idiota di Tricot. Ne fui certo notando alla mia sinistra il busto di Balzac che avevo registrato prima di lanciarmi all'inseguimento dell'assassino. Non è da tutti avere tanto spirito d'osservazione. Specie in un cimitero dove le tombe, a parte la forma e l'epitaffio, si somigliano tutte. Ai lati del vialetto l'autunno aveva depositato i colori dei platani vecchi, i quali protendevano i rami neri al di sopra delle cappelle monumentali. Ancora più in alto, ma non troppo, la cappa maligna chiudeva la vista del cielo di Parigi e di una nuvola bianca a forma di...

Ma forse la brezza avrebbe migliorato la visuale e, comunque, non ero lì per indulgere a sentimentalismi da smidollati. Un segugio che ne ha viste di cotte e di crude si commuove magari per un triplo cognac o per l'odore della polvere da sparo. Non certo per i paesaggi autunnali parigini.

Mi asciugai le guance con la manica ed elaborai un piano d'azione. Ormai vi è chiaro che aspettavo la ganza dai capelli lunghi. Qualcosa mi diceva che sarebbe venuta senz'altro a recuperare qualcosa di enorme valore. Sapevo cosa, ma non sapevo dove. Così, fino all'orario di chiusura gironzolai per i vialetti tenendomi alla larga dagli attrezzi dei giardinieri, collocati nei luoghi più sciagurati.

Le cappelle con le loro statue di pietra cominciarono a sciogliersi nella sera prendendo l'aspetto di mostri neri dalla forma indistinta, non so se mi spiego. Qua e là i lampioni aiutavano le vecchie carampane a trovare l'uscita. Erano le 19 passate.

Avevo individuato, tra gli attrezzi per la manutenzione, una scala d'alluminio di quelle che si allungano. La posai poco lontano dalla macchia di sangue e mi acquattai nell'ombra, in attesa.

L'attesa non fu breve. Mezzanotte, le tre, le tre e un quarto. Poi, dei passi leggeri sulla ghiaia si avvicinarono. Una persona non abituata alla città non li avrebbe colti, in mezzo al frastuono sordo del traffico. Ma per chi è nato a Parigi, il lamento che non ha mai fine non è che un sottofondo e alla lunga non lo si sente più.

Sganciai la sicura alla Beretta e mi preparai. Non la estrassi, però: avrei avuto bisogno di entrambe le mani libere. L'ombra si materializzò pian piano. Camminava con cautela. Non ci sono molti lampioni, in quell'angolo del cimitero. Trattenni il respiro quando passò molto vicino al pozzo di buio in cui io stavo in agguato. Avrei potuto allungare un braccio e toccarla. Ma non era il momento di essere galanti, non so se mi spiego. Fece poi ancora qualche passo e si accorse della scala in alluminio. Era proprio ciò che stava cercando e dovette benedire la fortuna. Sì, una fortuna di nome Baguette.

Non senza fatica l'ombra trascinò la scala per qualche metro ancora, fino a una piccola cappella priva di statue ma con un tetto poco spiovente, proprio accanto al signor Balzac. Nell'oscurità indovinai la sua sagoma posare la scala contro il muro e salirvi con una certa agilità. Allora finalmente, al lucore livido che esalava lassù, riconobbi i capelli. Santo cielo! Vista così, nell'atto di scalare una cappella, in un cimitero nero, pareva difficile credere che si trattasse della bambola dal vestito color tulipano che avevo ammirato ondeggiare giù per rue de Bagnolet.

Come un felino mi portai ai piedi della scala. Il più era fatto. Ora non restava che allontanarla con dolcezza dal muro.

Ma, nel silenzio del cimitero, il cellulare squillò. Probabilmente era Sophie.

In situazioni di gran lunga meno drammatiche, a chiunque sarebbero saltati i nervi. Non ad Albin Baguette. Con veemenza tirai a me la scala, che però era più cedevole del previsto. A quel punto avrei potuto lanciarla via con una mano e con l'altra estrarre la Beretta. Ma mi sarei reso vulnerabile e il nemico avrebbe potuto approfittare di quel breve attimo per scaricare su di me il suo fuoco. Trovai più prudente gettarmi all'indietro e lasciare che la scala d'alluminio rovinasse sul mio corpo. Era spigolosa, ma ho passato di peggio. Dei quattro arti principali, potevo muovere - e solo di lato - l'avambraccio sinistro. Sarebbe bastato. Intanto c'era da far tacere il cellulare che non la smetteva di suonare e suonare. Riuscii ad afferrarlo con il mignolo. Come avevo previsto, era Sophie.

Tesoro, disturbo? Le gemelle lituane chiedono se hai il cellulare di Javert. Sai, il tuo amico commiss...

Riattaccai e gettai lontano da me la scala d'alluminio. Quando mi riuscì di rialzarmi i miei sguardi volarono alla cappella.

Santo cielo. La ganza, ritta sul tetto dell'edificio nero, mi fissava. Non dimenticherò quegli occhi, perché a tale altezza li colpiva la luce diretta dei lampioni, delle insegne, delle finestre, delle sirene d'ambulanza, dei caffè, dei fanali, insomma di tutte le luci della notte di Parigi che, mescolate e cangianti, facevano sembrare la ganza dai capelli sciolti non uno degli angeli di marmo del Père-Lachaise ma uno degli incubi di pietra del Sacro Cuore. Eppure era bella, non so se mi spiego.

Era bella anche perché, emergendo come una statua dal rifugio nero in cui io ancora mi trovavo, era ora esposta senza difese e senza riparo a quanto di più pericoloso ci fosse nella notte parigina: un segugio dall'intuito infallibile di nome Baguette. A tentoni raccolsi il portafogli, il cappello, le chiavi e la Beretta, poi raggiunsi lentamente i piedi della cappella.

"Mademoiselle Maupin," dissi, non a voce alta. Quello era il nome che Giulio mi aveva fornito, insieme a molti altri dati sul mestiere della fanciulla.

Dovetti ripetere il nome prima che la ganza mi rispondesse: "Sono io."

La conversazione era a un punto morto. La bambola sporgeva la testolina, che da laggiù sembrava di un bianco lunare, oltre la massa nera del tetto della tomba, tentando di vedermi.

"Mi chiamo Albin Baguette, signorina. Non sono un poliziotto. Avete davanti a voi, dico, sotto di voi, il miglior segugio privato di Parigi."

La ganza non rispondeva. La sua immagine bianca scomparve ed io continuai: "Probabilmente siete confusa. Vi capisco. Non è da tutti. Lasciate che vi spieghi come sono arrivato a voi. Prima, però, vi prego di lasciar cadere lo spillone di ferro che tenete in mano."

Si udì un tintinnio ai miei piedi, così ripresi: "Grazie. Due giorni fa stavo pedinando la vostra vittima, il signor Tricot. Per puro caso non vi ho colta sul fatto mentre lo uccidevate. Sono arrivato un istante in ritardo e mi siete sfuggita tra le mani. Ormai avevo perduto la commessa con la *Tresmal*, ma ero intenzionato a risolvere questo caso, per due ragioni. La prima è che Javert non sarà felice che io lo abbia preceduto. La seconda è che un dettaglio mi era rimasto impigliato, per così dire, agli occhi. Non so se mi spiego. Guardando le fotografie di quella mattina, qualcosa mi aveva colpito e non capivo che cosa. Poi Sophie (che è la mia ganza numero uno, ma sarebbe una storia troppo lunga) mi diede senza volere l'illuminazione: i vostri capelli! Nelle immagini di prima dell'omicidio voi ci siete, ripresa per caso dietro la mia preda. E avete i capelli raccolti. Forse, si potrebbe pensare, con una forcina, o con uno di quegli spiedi metallici di moda tra le ganze. All'uscita del cimitero, però, i vostri capelli erano sciolti. E che capelli! Non che io mi lasci incantare da queste piccolezze mentre lavoro, però notai la stranezza. Ma, signorina, ci siete o parlo alla notte?"

"Ci sono," mi rispose una voce che proveniva da una tomba.

"Bene, allora andrò avanti. Poi mi venne in mente il foro che il povero Tricot aveva nella gola. Notai subito che non sembrava un foro di pallottola. Me ne intendo. E allora, se non era stata una rivoltella, che cosa? Perché non uno spillone per capelli? Tutte le tessere andavano componendo un disegno. Ma quale? Non lo sapevo. Finché non scoprii che una delle persone presenti la mattina dell'omicidio, cioè voi, lavora per la *TantPis*, che se non sbaglio opera nel settore di macchine per ceramica o giù di lì."

"Signore."

"Sì?"

"Posso scendere? Fatemi scendere. Ho paura di cadere."

Accostai la scala d'alluminio e attesi che scendesse. "So che non tenterete di fuggire, Mademoiselle Maupin, perché non vi conviene."

"Non scapperò," disse e si accoccolò nell'ombra, sotto Balzac che incombeva.

"Ma la *TantPis*, signorina, è concorrente della *Tresmal*. Poteva essere una coincidenza? No, non poteva. Da questi elementi ho ricostruito la vicenda intera. Ma voi non potete stare a terra nell'umidità. Mentre vi spiego tutto, avviamoci verso l'uscita. Su, alzatevi, adesso. Datemi il braccio. Allora, io credo che sia andata così. Quell'idiota di Tricot aveva preso contatto con la *TantPis* per vendere sottobanco alcuni segreti industriali della *Tresmal*, per cui lavorava. Infatti i dirigenti di quest'ultima avevano ingaggiato il miglior seguio del quartiere latino, per non parlare di Parigi, ma lasciamo perdere. Fate attenzione a quel rastrello, è insidiosissimo. Voi, tra tutti i dipendenti della vostra ditta, siete stata incaricata di incontrare l'idiota e farvi consegnare i documenti. Forse i vostri boss vi ritenevano affidabile, o forse avevate solo il physique du rôle. Qualcosa deve essere andato storto, anche se non so che cosa."

"Posso dirvelo io, ormai," disse la poverina sempre camminando dentro e fuori le pozzanghere d'ombra create dai radi lampioni. "Il fatto è, signor Baguette, che io avevo deciso di svelare alla polizia questo maneggio. Mentre andavo all'appuntamento, martedì (oh, mi sembra un anno fa!), maturai la decisione di tirarmi fuori da un affare che non prometteva nulla di buono. Sì, cambiai idea proprio mentre camminavo lungo questi stessi vialetti. E quando Tricot mi incontrò, e vide il mio sguardo, dovette intuire che l'avrei denunciato. Fu un istante, mise una mano sotto la giacca con due occhi da pazzo. Eravamo molto vicini. Io per istinto afferrai l'unico oggetto che mi trovai a tiro…"

"Lo spillone per capelli."

"Sì, signore, lo spillone. E lo cacciai avanti, così, senza guardare, senza mirare a un punto preciso. E poi sono scappata. Quando la polizia arrivò mi ero già ricomposta. Non so come, riuscii a mantenere abbastanza sangue freddo da uscire indenne dai controlli. Ero svuotata, non pensavo a niente."

"E lo spillone…"

"Ah, quello. Dopo aver colpito Tricot lo gettai su una cappella, senza sapere che facessi. Solo più tardi realizzai che dovevo tornare a recuperarlo."

"E avevate ragione, Mademoiselle. Perché prima o poi gli sbirri sarebbero arrivati alle mie stesse conclusioni e avrebbero usato un *metal detector*, setacciando palmo a palmo il cimitero."

Eravamo giunti ormai alla porta Gambetta, che facilmente aprii aiutandomi con una pala da giardinaggio trovata lì sotto.

"A proposito," aggiunse la bambola, "lo spillone, è…"

"Nella tasca della mia giacca, signorina. Questa è la prova che vi inchioda, non vorrete lasciarla sul selciato."

"Quanti anni starò in prigione, signor Baguette?"

Questa domanda, così infantile e semplice, eppure così drammatica, mi fece voltare a scrutare, nell'oscurità che svaniva, lo sguardo della ganza. Una specie di lucore si diffondeva in una parte della volta. A quell'ora la cappa maligna era soltanto una minaccia e il cielo cominciava a far indovinare il suo azzurro ceruleo, non so se mi spiego. Si vedeva persino, nell'aria che andava facendosi meno spessa, una nuvola sterminata, bianca e bitorzoluta. Poteva assomigliare a una delle statue che a volte si vedono sui ponti o nella prua delle navi. Meglio, a un grande drago sul punto di...

Le cacciai nella mano l'oggetto metallico che aveva ucciso un uomo e le dissi: "Questo, buttatelo in un cassonetto dei rifiuti, magari due isolati più avanti. Tra poco verranno a svuotarli, me ne intendo."

"Sì," disse con gli occhi a terra.

"Mademoiselle, voi non siete al sicuro, a Parigi. Ieri notte sono venuti a chiedermi di voi. Vi troveranno, prima o dopo."

"La *TantPis*! Arriverebbero a..."

"Naturalmente," risposi. "Non possono permettere che voi andiate alla polizia a raccontare una storia di documenti segreti, doppio gioco e incontri clandestini nei cimiteri monumentali. Che pensate di fare? Vi serve aiuto per cambiare aria?"

Non mi guardò se non le scarpe, non rispose alla mia domanda, non diede segni d'emozione. Credo che per la forte tensione si sentisse come di ghiaccio. Succede, in questi casi. Poi si voltò, ondeggiando uscì dal grande cancello e sparì.

Ritornai veloce sui miei passi. Non che volessi andare a trovare la zia Berenice. Figuriamoci! Non riposava certo accanto a Balzac, ma tra l'erba alta e i cocci di marmo. E poi non era l'ora giusta per una visita.

Ero solo curioso di vedere meglio la tomba sulla quale si era affacciata una strana visione di ganza dal pallore di statua. Riconobbi il luogo dalla macchia di sangue secco e dalla scala rovesciata. La cappella era in verità modesta e sormontata da piccoli fregi. Qualcuno aveva lasciato una scritta a pennarello rosso. Lo scarabocchio recitava così:

Je suis belle, ô mortels ! comme un rêve de pierre

Maledetti vandali. Probabilmente era il verso di una canzone *rap*. Ma per me era tempo di sloggiare. Non potevo rischiare di farmi trovare al Père-Lachaise, a quell'ora, dopo ciò che era successo. Javert non avrebbe capito.

Quando uscii dalla porta Gambetta, sul quartiere aleggiava una luce singolare. Alzai gli occhi. Non era più una sirena e nemmeno una balena, né un drago. I vapori, più bianchi che mai, avevano l'inequivocabile profilo di una ganza niente male. Le dimensioni, poi, erano spaventose: credo che attraversasse e

199

ricoprisse l'intera Francia, dalle foci della Senna ad Antibes. A momenti mi richiamava alla mente Sophie per quanto le sue protuberanze erano sproporzionate, un istante dopo la signorina Maupin. Auto sbirre o forse ambulanze correvano da qualche parte. Mentre la fissavo, l'immensa forma bianca nel cielo si guastò. Alcune sue parti si sbriciolarono, altre scesero verso la città e mi parve di vederle infilarsi nei tombini, altre ancora presero la forma di mostri indefinibili e continuarono a sfilacciarci in mille rivoli.

Due minuti dopo, della nuvola meravigliosa non restava che un batuffolo bianco sopra il Trocadéro. Mi venne da pensare che, allo stesso modo, della zia Berenice era rimasta una foto slavata e un garofano di plastica sopra un coccio di marmo, ché la domenica bisognava imbrattarsi le scarpe e i calzoni tra l'erba alta. Probabilmente, da giovane, anche lei aveva avuto la forma di una nuvola bianca piena di bitorzoli e forse, ma non potrei giurare, un vestito color tulipano da far ondeggiare. Ma tant'è! Trapassata la zia Berenice, defunta la nuvola bianca, sepolto (almeno per me) il mistero del Père-Lachaise, mi nacque una voglia incontenibile di cognac. Forse l'Henry's giù a Saint Sulpice era ancora aperto. Al di sopra dell'alto muro, le maledette statue di pietra facevano capolino con intenzione. Mentre mi allontanavo sentivo sulla nuca i loro sguardi, con l'arroganza di chi sa che non può morire.

Jean Sigognac©2013